"이 얇은 책에 이토록 풍성한 내용이 담길 수 있는가?" 책을 다 읽고 난 뒤 나도 모르게 입에서 터져 나온 말이다. 한 시대를 풍미했던 애버딘 대학교의 조직신학자 제임스 토런스는 조직신학의 관점에서 참된 예배란 무엇인지에 관한 귀한 통찰들을 제공하며 삼위일체론과 그리스도 중심의 신학이 왜 예배론의 핵심이 되어야 하는지를 명쾌하고 세밀한 신학적 논지로 설명한다. 그의 통찰은 이 시대의 소비자 중심적이고 인간 중심적인 예배와 예전적 펠라기우스주의에 대한 해독제를 제공한다. 예배 현장에서 교리가 나왔다. 그러나 바른 교리는 바른 예배의 초석이 된다. 이 책은 우리로 하여금 바른 예배에 눈뜨게 할 것이다!

문화랑 고려신학대학원 예배학 교수

현대 신학의 한 중요한 흐름은 20세기 중후반부터 오늘날까지 부흥기를 맞이한 삼위일체 신학이다. 이는 신론, 그리스도론, 성령론, 인간론, 구원론, 교회론, 종말론과 같은 여러 신학적 주제를 비롯하여 많은 사회적 이슈에도 광범위하게 적용되고 있다. 이와 같은 맥락에서 이 책은 삼위일체 하나님을 반영한 예배학을 제시하며 예배, 세례, 성찬, 기도, 찬송, 하나님의 이름과 같은 주제들에 접근한다. 그러면서 오늘날 만연한 자유주의적·실존주의적 모형을 넘어서서 중보자 예수 그리스도를 중심에 두는 '성육신적이고 삼위일체적인 모형'의 예배학을 회복하게 해 준다. 그렇기에 이 책은 오늘날 우리의 예배를 성찰하고 개혁하는 데 매우 중요한 통찰을 준다. 그리고 최근 코로나19로 변화를 맞이한 대면·비대면 예배 상황에서 올바른 예배의 길을 모색하는 데 꼭 필요한 신학적 방향을 제시해 준다.

백충현 장로회신학대학교 조직신학 교수

삼위일체론은 우리 예배의 대상이신 하나님에 관한 교리다. 이는 그리스도론과 더불어 기독교의 정체성을 규정짓는 '본질적 교리'(doctrina essendi)다. 삼위일체론은 교부들이 책상에 앉아 고안해 낸 형이상학적 사변이 아니다. 이 교리의 배후에는 초기 교회의 구원 경험이 엄존한다. 초기 교회 성도들은 예수님과의 만남 속에서 하나님이 베풀어 주시는 구원과 성령의 현존 체험 그리고 예수님이 베푸신 구원 사건이 교회 공동체 속에서 되풀이되는 것을 경험했다. 그러므로 삼위일체론이 형성된 후에 삼위 하나님께 예배를 드렸던 것이 아니다. 예배 가운데서 삼위 하나님께 바쳤던 기도와 찬양을 모으고 정리하여 해설을 붙였고, 그것이 삼위일체론으로 명명되었다.

삼위를 향한 예배를 삼위일체론이라는 교리적 명제로 정리한 것은, 아리우스와 같은 이단이 등장했기 때문이다. 삼위일체론을 두고 발생한 교부 아타나시우스와 아리우스 사이의 논쟁이 예배의 대상을 둘러싼 논쟁, 즉 예배 가운데 기도와 찬양의 대상이 삼위인가 아니면 오직 한 분 하나님 성부인가에 관한 논쟁이었음을 잊어서는 안 된다. 그러므로 삼위일체론을 단순히 이론으로 배우기에 앞서 신자들은 기도와 찬양과 경배의 언어로써 이 교리에 익숙해져야 한다. 삼위일체론의 예배적 실천이 없다면, 이는 단지 관념적 교리 지식에 불과하다.

이 책에서 저자는 삼위일체론이 기독교 예배의 중심이며 예배 가운데서 기도와 찬양의 핵심 내용이라는 사실을 논증한다. 우리는 이 책을 읽음으로써 삼위일체론의 예전학적 중요성과 송영학적 의미를 명확하게 파악할 수 있을 뿐만 아니라, 그리스도인의 신앙과 삶에서 삼위일체론이 차지하는 영성 신학적 가치와 중요성을 배울 것이다. 이를 통해 우리 교회 공동체의 예배와 삶이 오롯이 우리 구원의 하나님이신 성삼위일체를 지향해야만 한다는 사실을 깨닫게 될 것이다. 이에 기쁜 마음으로 독자들에게 이 책을 추천하며 일독을 권하는 바다.

이동영 호도스 신학원 조직신학 교수, 『송영의 삼위일체론』 저자이처럼 열정적으로 누린 책은 없었다! 저자는 정교한 삼위일체 교리에 대한 이해를 바탕으로, 우리가 입으로는 삼위일체 하나님을 고백하지만 무의식적으로는 유니테리언적 실천을 따르고 있음을 밝힌다(1장을 주의 깊게 읽어 보라). 우리는 자주 그리스도 없이 하나님께 갈 수 있다고 생각하고, 그리스도라는 목표가 없는 성령의 능력을 간구한다. 그러나 우리가 그리스도 중심으로 예배에 참여한다면, 사실 예배는 우리가 '하는' 어떤 것이라기보다는 그리스도가 이미 '하신' 예배에 연합하여 '참여'하는 것이 된다! 이때 예배는 행해야 할 것보다는 안식이 되며, 행사가 아니라 교제가 된다! 이러한 삼위일체 이해를 통해 우리는 많은 것을 깨달을 수 있으며, 특히 젠더에 대한 4장의 통찰은 현대 이슈들에 관한 적절한 이해를 제공해 준다. 이 중요한 책에서 독자들은 우리의 교회에 적용할 거리들을 발견하고, 책이 선사하는 지혜를 음미하며 내가 누렸던 그 기쁨을 만끽할 것이다!

이정규 시광교회 담임목사, 『예수님의 기도 학교』

예배, 공동체, 삼위일체 하나님

IVP(InterVarsity Press)는
캠퍼스와 세상 속의 하나님 나라 운동을 지향하는
IVF(InterVarsity Christian Fellowship)의 출판부로
생각하는 그리스도인을 위한 문서 운동을 실천합니다.

ⓒ 1997 by James B. Torrance
Originally published in English under the title
Worship, Community and the Triune God of Grace by Authentic Media Limited,
P.O. Box 6326, Bletchley, Milton Keynes, MK1 9GG, United Kingdom.
All rights reserved.

Used and translated by the permission of Authentic Media Ltd.
through rMaeng2, Seoul, Republic of Korea.
This Korean edition ⓒ 2022 by Korea InterVarsity Press
156-10 Donggyo-ro, Mapo-gu, Seoul 04031, Republic of Korea.

An afterword by the translator Prof. JinHyok Kim is included for this Korean edition.
이 한국어판에는 옮긴이 김진혁 교수의 해설이 포함되어 있습니다.

이 한국어판의 저작권은 알맹2를 통하여
Authentic Media Ltd.와 독점 계약한 IVP에 있습니다.
신 저작권법에 의하여 한국 내에서 보호받는 저작물이므로
무단 전재와 복제를 금합니다.

예배 | 공동체 | 삼위일체 하나님

우리의 교회는 은총의 하나님을 반영하는가?

WORSHIP,
COMMUNITY
AND
THE TRIUNE GOD
OF GRACE

제임스 토런스 | 김진혁 옮김

IVP

이 책은 1994년 디즈버리 강연을 확장하여 출간한 것이다. 디즈버리 강연은 영국 맨체스터에 위치한 나사렛 신학교에서 이루어지며 여러 학파에서 각각을 선도하는 학자들의 강의로 구성된다.

강연자로는 제임스 앳킨슨(James Atkinson), 바렛(C. K. Barrett), 폴 바셋(Paul Bassett), 브루스(F. F. Bruce), 로널드 클레먼츠(Ronald E. Clements), 데이비드 클라인즈(David J. A. Clines), 앨릭스 디즐리(Alex R. G. Deasley), 제임스 던(James D. G. Dunn), 프랜스(R. T. France), 콜린 건턴(Colin E. Gunton), 도널드 거스리(Donald Guthrie), 모나 후커(Morna D. Hooker), 하워드 마샬(I. Howard Marshall), 스케빙턴우드(A. Skevington-Wood), 제임스 토런스(James B. Torrance), 토머스 토런스(Thomas F. Torrance), 앤드루 월스(Andrew F. Walls) 등이 있다.

하나님 그리고 공동체와
사랑의 교제 가운데 거한다는 것의
의미를 깨닫도록 도와준
나의 사랑하는 아내 메리에게

차례

서문 13

서론 예배에서 예수 그리스도의 위치 16

1장 예배 – 유니테리언인가 삼위일체적인가 23

2장 유일한 제사장이신 그리스도, 예배의 중보자 57

3장 세례와 성찬 – 교제의 길 93

4장 젠더, 섹슈얼리티 그리고 삼위일체 133

부록 169

주 175

옮긴이 해설 181

일러두기

- 본문에서 아래의 단어들은 최소 하나 이상의 우리말로 번역되었다. 가능한 한 번역어를 통일하려 했지만, 맥락에 따라 필요하면 단어를 바꿔서 번역하기도 했고, 국내에 출간된 번역물을 인용한 경우는 기존 번역어를 사용했다.

> communion (Communion) 교제, 친교, 성찬
> consecration 성별, 거룩하게 함
> creation 창조, 창조 세계, 피조물
> evangelical 복음주의의, 복음적
> free 자유로운, 값없는
> gift 은혜, 선물
> the Holy of the Holies 지성소, 가장 거룩한 곳
> image of God 하나님의 형상, 하나님의 이미지
> intercede 중보하다, 간구하다
> life 생명, 삶
> liturgy 예전, 전례
> mission 선교, 파송
> offering 바침, 제물, 제사
> ordinance 예법, 규례, 예식
> propitiation 화목제, 속죄(유화)
> sanctify 성화하다, 거룩하게 하다

- 본문에서 인용한 성경 구절은 별도의 역본 언급이 없는 경우 개역개정을 사용했다.
- 본문의 모든 각주는 옮긴이 주이며, 미주는 저자 주다.

서문

1994년 11월, 영국 맨체스터에 있는 나사렛 신학교 디즈버리 강연(Didsbury Lectures)에 초청받아 예배 신학에 대해 강의한 것은 내게 큰 특권이었다. 나는 오랫동안 성경의 빛 아래서 기독교 예배를 성찰함으로써 기독교 신학이 바른길에 들어선다고 생각했고 또 그렇게 가르쳤다. 성경은 무엇보다도 예배 안내서다. 하지만 특히 개신교에서 성경은 윤리, 도덕 가치, 종교 사상 심지어 건전한 교리의 안내서처럼 다루어졌다. 교회의 예배와 선교는 성부와 성육신한 성자 사이의 교제와 성부가 성자를 세상으로 보내신 파송에 우리가 성령을 통해 참여하도록 하는 하나님의 선물이다. 그리고 성경의 특별한 중심은 바로 "우리가 믿는 도리의 사도이시며 대제사장이신"(히 3:1) 예수 그리스도시다. 이렇게 믿을 때 삼위일체론, 성육신론, 속죄론, 성령의 사역론, 교회론과 성례론, 하나님 왕국에 대한 이해, 인간론과 종말론 등 모든 교리가 그 중심에서 펼쳐 나온다. 성경의 신앙고백적

(케리그마적) 진술들에서 송영의 진술들이 나온다면, 기독교 교의학은 송영을 성찰하는 데서 펼쳐진다. 참신학은 예배하는 공동체 한가운데 계신 하나님의 현존에서 이루어진다. 성경 그리고 우리 시대 교회의 삶이라는 '두 지평'은 성찬과 같은 예배 안에서 융합된다. 이러한 예배야말로 우리가 그리스도 안에서 하나님의 삼위일체적 사랑을 이해하고자 모든 세대 성도들과 함께 교제하는 삶을 추구하는 순간이다.

바로 이 때문에 마음 따뜻하고 신앙이 충만하며 예배하는 공동체인 나사렛 신학교에서 예배 신학에 관한 주제로 강의할 수 있음에 기쁘다. 웨슬리 형제는 찬송가를 만들어서 그들의 신학을 노래했다.✦

> 육체로 가려진 신성을 보네.
> 성육신하신 하나님을 맞이하라.
> 인간으로서 기뻐하시며 인간과 함께 거하시네
> 예수, 우리의 임마누엘.

참신학은 찬송하는 신학이다. 히브리서에는 예수님의 입술을 통해 나온 말씀인 시편 22:22을 인용한 "내가 주를 교회 중에서 찬송하리라"(히 2:12)라는 구절이 있다. 이를 주석하며 칼뱅은 "그리스도는 하나님을 찬송하도록 우리의 마음을 조율하는 위대한 합창 지휘자시다"라고 말했다.

✦ 크리스마스 찬송으로 유명한 "천사 찬송하기를"(새찬송가 126장)의 2절 영어 가사.

나는 이 강의에서 예배에 대한 이러한 이해를 제시하고자 한다. 이 강의들은 예배를 어떻게 드릴지에 관한 예배학 연구도, 예전이 형성된 역사에 관한 연구도 아니다. 물론 이런 연구도 매우 중요한 주제다. 하지만 나의 강의는, 우리가 하나님을 예배하는 방식은 하나님의 존재, 즉 은총의 삼위일체 하나님을 반영해야만 한다는 확신 위에 서 있다. 그리고 하나님이 그리스도 안에서 성령을 통해 우리를 위해 행하셨고 지금도 행하고 계신 바를 반영해야 한다는 신념에 기초한다. 이 책은 맨체스터에서 했던 강의들에 서론과 하나님에 대한 인간 언어에 관한 후기를 덧붙이면서 조금 더 확장되었다. 내가 지난 수년간 몇 나라를 다니면서 여러 학교와 여름 학교에서 했던 강의 자료도 포함되었다. 이 중 일부는 논문으로 출판되었다. 영국 교회 협의회(British Council of Churches) 삼부작 중 『잊힌 삼위일체』(*The Forgotten Trinity*)와 1970년 「교회예배학회 연보」(*Church Service Society Annual*)에 실렸던 "예배에서 예수 그리스도의 위치"(The Place of Jesus Christ in Worship)가 그것이다. 이 논문은 다음 책과 문서로 재출간되었다. 『목회를 위한 신학 기초』(*Theological Foundations for Ministry*, ed. Ray S. Anderson, T&T Clark and Eerdmans, 1979)와 "개혁 교회에서 공예배 교리와 실천"이라는 1971년 스코틀랜드 장로교 총회 공예배와 예배 지원 위원회 보고서와 『성육신』(*The Incarnation*, ed. T. F. Torrance, Handsel Press, 1981)에 실린 "그리스도의 대리적 인간성." 나는 이 강연들이 교회로 하여금 예수 그리스도 안에 있는 자신의 참된 중심으로 살아가라는 부르심이라고 생각한다.

서론

예배에서 예수 그리스도의 위치

하나님은 자신의 영광을 위해 모든 피조물을 만드셨다. 이것을 알지 못한다 해도, 들에 핀 백합의 아름다움은 솔로몬의 영광보다 더 큰 영광으로 하나님을 영화롭게 한다. 지붕 위 참새는 하나님을 찬미하며, 광대하고 닿을 수 없이 먼 우주는 하나님 영광의 무대가 된다. 그러나 하나님은 남자와 여자가 창조 세계의 제사장이 되어 모든 피조물을 대신해서 하나님을 찬양하도록, 그러함으로써 인간의 입술을 통해 하늘들이 하나님의 영광을 외치도록 그들을 하나님의 형상으로 만드셨다. 하나님의 피조물임을 자각하는 존재로서 우리가 함께 하나님을 예배할 때, 우리는 모든 창조물의 예배를 모아 낸다. 우리의 궁극적 목표는 하나님을 영화롭게 하는 것이다. 그리고 창조 세계는 인간의 입술을 통해 하나님을 찬미하는 중에 자신의 피조물로서의 영광을 깨닫는다.

그러나 인간의 실패 때문에 자연은 그런 깨달음에 도달하지 못한다. 창조 세계 전체는 기쁨의 노래를 부르는 대신, 인간의 삶에서 하나님의 목적이 충만히 실현되기를 기다리며 우주적 진통 속에서 신음하고 있다. 하나님은 인류와 피조물 전체를 향한 자신의 목적을 포기하셨는가? 하나님은 모든 자연이 허무와 헛됨에 종속되도록, 즉 무자비하게 착취당하고 남용되도록 버려두셨는가? 하나님은 우리가 교제하는 삶을 살도록 우리를 그분의 형상으로 만드셨으며 창조를 관리할 책임을 나누셨다는 사실을 잊으셨는가?

복음은 하나님이 우리를 대신하시고자 또한 예배와 교제라는 자신의 목적을 실현하고자, 예수님 안에서 우리에게 오셨다는 사실이다. 예수님은 우리가 실패한 일, 곧 우리가 드리지 못한 예배와 찬송을 성부께 바치고, 완전한 사랑과 순종의 삶으로 하나님을 영화롭게 하고, 주님의 유일하고 참된 종이 되는 그 일에 창조 세계의 제사장으로서 우리 인간을 위해 오신다. 그분 안에서 또한 그분을 통해서 성령은 우리를 하나님의 형상으로 회복하시고, 함께 교제하는 삶 속에서 하나님을 예배하도록 우리를 새롭게 하신다. 예수님은 우리의 위대한 대제사장이 되시고, 그분의 사랑하는 마음에 그분은 온 피조물의 기쁨과 슬픔과 기도와 갈등을 짊어지시고, 모든 것을 하나님과 화해시키시며, 우리의 영원한 중재자요 대변인으로서 모든 열방을 위해 간구하시고자 우리의 형제로 오신다. 우리가 어떻게 기도해야 할지를 모르고 모두 함께 기도해야 한다는 사실을 잊었을 때, 그분은 성부의 현존 앞에 우리를 대신하여 서신다. 성령으로 그분은 연약함 속에 있는 우리를 도우신다.

만물은 예수 그리스도로 말미암아 또한 그분을 위하여 창조되었다. 만물의 머리이신 예수님은 우리를 자신의 몸으로 만드시고, 영적 제사를 드리는 왕 같은 제사장이 되도록 우리를 부르신다. 그분은 성부와 자신의 연합에서뿐만 아니라, 위대한 제사장 활동과 중보 사역에서도 성령으로 우리가 자신과 같아지게 하시려고 우리를 부르셨다. 이는 지상에서 드리는 우리의 기도가 하늘에서 그분이 드리는 기도의 메아리가 되게 하기 위함이다. 우리의 예배가 무엇이든, 그것은 그리스도의 예배에 대한 우리의 예전적 아멘(liturgical amen)일 뿐이다.

이것은 '놀라운 교환'(*mirifica commutatio – admirabile commercium*)이다. 이 교환으로 그리스도는 우리의 것들(우리의 깨진 삶과 무가치한 기도)을 취하시고 거룩하게 하셔서 흠이나 주름 없는 상태로 성부께 바치시고는, 다시 이것들을 우리에게 돌려주신다. 이 교환은 우리가 감사 속에서 그분을 '먹으며' 살아가도록 하기 위해서다. 그분은 우리의 기도를 취하셔서 그 기도를 자신의 기도로 삼으시며, 자신의 기도를 우리의 기도로 만드신다. 그리고 '예수 그리스도 덕분에' 우리의 기도를 하나님이 들으신다는 사실을 우리는 안다. 이것이 성령 안에서의 삶이고, '솔라 그라티아'(*sola gratia*, 오직 은총으로)의 측면에서 이해된 예배다. 이것이 모든 참된 예배와 교제의 삼위일체적 본성이다.

따라서 기독교 예배란 성자가 대신 드리신 예배와 중보의 삶 안에서 우리가 성자와 성부의 교제에 성령을 통해 참여하는 것이다. 예배는 하나님 아버지가 그리스도 안에서 우리를 위해 하신 모든 것에 대해 하나님 아버지께 드리는 우리의 반응이다. 예배는 그리스도 안에서 우리를 위해 바쳐진 한 참된 제사에 대한 반응으로서, 우리의 몸과 정신과 영혼을 다해 드리는 자기 제사(self-offering)이며 하나님의 은총(charis)에 대한 우리의 감사(eucharistia)의 반응이다. 예배는 그리스도의 천상적 중보 안에서 우리에게 은총으로 주어진 몫이다. 따라서 예배의 형식, 실천, 절차 등 예배에 관한 우리의 모든 이야기는 우리의 반응을 받으시는 그분의 빛, 곧 은총의 복음의 빛 아래서 이루어져야 한다. 우리는 우리의 예배 형식들이 복음을 전달하는지 스스로 질문해야만 한다. 우리의 예배 형식들은 복음에 대한 적절한 반응인가? 그리스도는 성령으로 우리를 함께하는 교제의 삶으로 이끄시는데, 예배 형식들은 이러한 그리스도의 예배와 사역을 사람들이 이해하도록 돕는가, 아니면 그것을 방해하는가? 그 형식들은 예배 안에서 그리스도의 실제 현존을 투명하게 보여 주는가, 아니면 혼탁하게 만드는가? 이러한 질문들에 대답하려면, 우리는 예배의 전통과 절차가 적절한지를 판단하기에 앞서서 예배의 의미와 내용부터 살펴야 한다. 더 심오하게 말하자면, 우리는 예배에 있어서 우리의 신론을 곰곰이 생각해 보아야 한다. 그 신은 그분의 교제하는 생명과 세상을 향한 관심에 아무 대가 없이 참여할 수 있도록 우리를 창조하시고 구원하신 은총의 삼위일체 하나님이신가? 아니면 **우리가** 행한 바, 즉 우리의 종교에 따라 신의 은혜로움이 좌우되는 계약의 신(the contract-God)인가? 우리 예배가 성령의 자유 안에서 기쁘게 드려지는 지성적이고 의미 있는 예배라면,* 우리에게 영감을 주기도 하며

◆ '로기케 라트레이아'(logike latreia)란 "인간 이성에 부합하면서도 그 안에 신적 이성이 함께 작용하는" 예배를 뜻한다. Hermann Strathmann, "latreia", in *Theological Dictionary of the New Testament: Abridged in One Volume*, ed. Gerhard Kittel, Gerhard Friedrich, Geoffrey W. Bromiley, trans. Geoffrey Bromiley (Grand Rapids: William B. Eerdmans, 1985), p. 504. '로

지성적이고 의미 있는 반응을 우리에게서 요구하는 실재들을 우리는 응시해야 한다. 따라서 로마서의 처음 열한 장에서 은총의 복음을 자세히 설명한 사도는 뒤이어 12:1에서 이렇게 말한다. "내가 간구하오니, 나의 형제자매들이여, 하나님의 자비에 눈을 크게 뜨고서 지성적 예배(logike latreia)의 행위로써 여러분의 몸을 성별되고 받아들일 만한 산 제물로 그분께 드리십시오."(J. B. Phillips).♦

히브리서 기자는 우리 주님을 '레이투르고스'(Leitourgos, 히 8:2), 즉 '우리 예배의 인도자', '사람이 세운 것이 아니라 주가 세우신 참성소를 섬기시는 분'으로 묘사한다. 이렇게 예수님의 '레이투르고스'는 인간의 '레이투르고스'와 대조된다. 이것이 하나님이 인류에게 주신 예배이며, 유일하게 하나님께 받아들여질 수 있는 예배다. 구약 시대 이스라엘의 제사장은 하나님이 주신 예배 규정(dikaiōmata latreias)을 충족하고자 노력했지만, 그들의 제사는 우리를 위한 그리스도의 참예배와 그분 자신을 바치신 제사를 예기할 뿐이었다. "[너희에게 오셔서]…영원하신 성령으로 말미암아 흠 없는 자기를 하나님께 드린 그리스도의 피가 어찌 너희 양심을 죽은 행실에서 깨끗하게 하고 살아 계신 하나님을 섬기게(latreuein) 하지 못하겠느냐"(히 9:11-15; 10:1-25).♦♦ 부활하시고 승천하신 우리 주님은 여전히 "하나님의 집 다스리는 큰

기케 라트레이아'는 한국어로 '영적 예배'(개역개정), '합당한 예배'(새번역, 가톨릭 성경), '진정한 예배'(공동번역) 등으로 번역된다.

♦ 저자는 이 책에서 영국 성공회 사제 필립스(J. B. Phillips)가 20세기 중반에 현대 영어로 번역한 신약성경을 종종 인용한다.

♦♦ 저자는 히브리서 9:11의 도입부와 14절 일부를 변형하여 인용했다.

제사장"이시고 성소를 섬기는 이시며 우리 예배에서 우리를 인도하는 유일한 참예배자시다. 그러므로 그리스도의 예배는 이스라엘의 예배를 모으며 그것을 대체한다. 그리고 모든 그리스도인 예배의 실체다. 종교개혁 시대에 칼뱅은 이것을 『기독교 강요』 2.9-11 이하와 4.14-17 그리고 히브리서 주석에서 상세히 설명했다. 칼뱅이 세례와 성찬을 포함하여 예배에 관한 모든 것을 해석할 때 그 핵심에는 다음과 같은 사항이 있다. (1) 그리스도의 세례는 우리의 세례이며, 이는 우리의 물세례에서 제시된다. (2) 그리스도의 희생은 우리의 희생이며, 이는 우리의 성찬에서 제시된다. (3) 그리스도의 예배는 우리의 예배이며, 이는 우리의 예배와 기도에서 제시된다. 이것이 개혁교회가 말하는 은총으로 말미암은 칭의 교리의 핵심이다. 즉 그리스도가 우리를 위해 지혜와 의로움과 성화와 구속이 되셨다. 이로써 그리스도의 의로움은 믿음으로 포착되는 우리의 의로움이 된다.

신약성경은 모든 진정한 예배에서 실제 행위자가 예수 그리스도라는 이해를 제시한다. 이후 본문의 각 장에서 나는 이 관점을 재발견해야 한다고 강조할 것이다. 그리스도는 우리의 위대한 대제사장이시며 승천하신 주님이시다. 유일하고 참된 예배자이신 그분은 말씀과 성례로 우리를 삼위일체 하나님의 참생명으로 들어 올리심으로써, 기억하는 행위와 교제하는 삶 속에서 성령으로 우리를 자신과 연합하게 하신다. 이것은 단지 우리 성찬 신학의 핵심일 뿐만 아니라 설교의 핵심이기도 하다. 종교개혁자들은 왕이요, 제사장이며 예배자이신 그리스도의 삼직무론(*triplex munus*)을 이야기했다. 이러한 용어들은 단번에 이루어진 그리스도의 모든 사역만이 아니라 그분의 계속되는 사역을 설명하는 데 사용되었다. 종교개혁 이후 개신교 전통에서는 설교에 대해 올바르게 강조하면서, 현재에도 계속되는 그리스도의 예언자적 직무를 강조했다. 또 우리는 예수님을 주로 고백하면서 현재에도 계속되는 그리스도의 왕으로서의 직무, 즉 교회와 정부의 머리로서 '구속자의 왕권'을 강조했다. 그분은 왕들의 왕이시며, 주인들의 주님이시다. 그러나 우리는 현재에도 계속되는 그리스도의 제사장직을 너무나 자주 무시했다. 이러한 경향은 로마 가톨릭이나 성공회 고교회파 신학이 그리스도의 제사장직을 어느 정도 펠라기우스적 방식으로 해석한 것에 대한 부정적 반응으로 형성된 듯싶다. 로마 가톨릭이나 성공회 고교회파에서 교회의 제사장직을 강조하다 보니 그리스도의 유일한 제사장직을 흐려 버린 것처럼 느껴지고, 그 결과 은총의 의미도 불분명해지는 듯 보인다.

우리가 (개인으로서) 모든 신자의 제사장직(the priesthood of all believers)을 편파적으로 강조하면 로마 가톨릭이나 성공회 고교회파와 똑같은 일이 벌어질 수 있다.* 그리스도의 제사장 직무에 관한 신약의 이해 없이 예배와 기도, 세례, 성찬에 대한 진정한 앎을 얻을 수 없다. 그리스도는 교회가 왕적 제사장이 되어 그분의 계속된 사역에 은총으로 참여하도록 부르시는 분이다. 그분은 놀라운 교제 안에서 성령으로 우리를 삼위일체 하나님의 참생명 속으로 들어 올리신다.

♦ 16세기 종교개혁사 책에 자주 등장하는 '만인제사장'이라는 단어는 오해를 불러일으킬 만한 번역이다. 사제와 일반 신자 사이의 위계를 엄격히 구분하는 로마 가톨릭에 반대하여, 루터를 포함한 종교개혁자들은 (모든 사람이 아니라) '모든 신자'가 제사장임을 주장했다. 이 책도 '만인'이 아니라 '모든 신자'가 제사장이라는 주제를 시종일관 반복한다.

1장

예배 — 유니테리언인가 삼위일체적인가

기독교 교회 안에는 성공회, 장로교, 감리교, 침례교, 로마 가톨릭, 동방 정교회, 오순절주의 등 서로 다른 전통에서 나온 많은 예배 형태가 있다. 그리고 그 안에도 폭넓은 다양성이 있다. 오늘날 많은 교회와 기독교 단체는 변화하는 세속 세계의 맥락에서 의미 있고 적절한 예배 형태가 무엇일지 실험하거나 궁금해하기도 한다. 그렇기에 다음과 같은 급박한 질문이 제기된다. 이토록 많은 예배 형태를 우리는 어떻게 평가해야 하는가? 그 형태와 상관없이 예배를 기독교적으로 만드는 요소는 무엇인가? 우리의 아버지 되신 하나님을 향한 예배와 기도 안에서 예수 그리스도와 성령의 위치는 어디일까? 기독교 교회 예배의 매우 다양한 형태를 고려할 때, 크게 보아 두 가지 대조적 견해를 구분할 수 있을 것이다.¹

예배에 관한 두 견해

유니테리언 견해.◆ 예배에 관해 아마도 가장 일반적이며 널리 퍼진

- 유니테리언주의(Unitarianism)는 18세기 이후 유럽과 북미로 퍼져 나간 기독교의 한 갈래로, 계몽주의의 합리주의 정신에 영향을 받아 삼위일체론을 반대했다. 저자는 이

견해는 예배란 우리, 즉 종교적인 사람들이 주로 일요일에 교회에서 하는 무언가라는 생각일 것이다. 우리는 교회에 가고, 하나님께 시편과 찬송을 부르고, 세상을 위해 중보기도하고, (대부분 훈계에 불과한) 설교를 듣고, 우리의 돈과 시간과 재능을 하나님께 드린다. 물론, 우리가 이런 일을 하는 데 도움을 줄 수 있는 하나님의 은총이 꼭 필요하기는 하다. 우리가 이런 일을 하는 것은 예수님이 그것을 가르치셨고 어떻게 하는지에 관한 모범을 남겨 주셨기 때문이다. 그러나 예배는 **우리가** 하나님 앞에서 하는 그 무엇이다.

신학 언어로 이 같은 입장을 풀어 보면 유일한 제사장직은 우리의 제사장직이고, 유일한 제물은 우리의 제물이며, 유일한 중보는 우리의 중보다.

예배에 관한 이러한 견해는 실천에 있어 사실상 유니테리언이다. 이는 그리스도의 중보자 되심 혹은 유일한 제사장 되심에 대한 교리가 없고, 인간 중심적이며, 적절한 성령론도 없고, 대부분 비성례적이며, 우리를 탈진하게 만들 수 있다. 우리는 예배당 좌석에 앉아서는 목회자가 '자기 일을 하는 것'과 우리에게 '우리 일을 하라고' 권면하는 모습을 바라본다. 그리고 집으로 돌아가서는 우리가 또 다른 한 주를 위한 예배라는 의무를 수행했다고 생각한다. 이처럼 '목회자의 도움을 받아 너 스스로 그 일을 하라' 식의 예배를 우리 믿음의 선

러한 반삼위일체 신념을 가진 교파 혹은 신학을 가리키는 형용사로서 유니테리언(Unitarian)이 아니라, 기독교 신앙에 헌신하면서도 충분히 삼위일체적이지 않은 신학을 통칭하는 일반어로서 유니테리언(unitarian)을 사용한다. 이에 대한 적절한 우리말 번역어가 없어 이 책에서는 '유니테리언'이라는 표현을 그대로 사용하기로 한다.

배들은 '복음적 예배'가 아니라 '율법적 예배'라 불렀을 것이다. 고대 교회는 이런 예배를 진정 공교회적 예배가 아니라 아리우스주의 혹은 펠라기우스주의 예배라 불렀을 것이다. 이는 삼위일체적이지 않다. 레슬리 뉴비긴(Lesslie Newbigin) 주교는 영국의 일반적인 그리스도인이 하나님의 이름을 들을 때 삼위일체 하나님을 떠올리지는 않을 것이라고 말한 적이 있다. 그가 인도에서 여러 동방 종교들에 둘러싸여 수년간 선교 사역에 헌신한 후, 서방에 돌아와 발견한 것은 상당히 많은 예배가 이론에서는 아닐지 몰라도 실천에 있어 유니테리언이라는 사실이었다.

삼위일체적 견해. 예배에 관한 두 번째 견해는 예배를 성부와 성육신한 성자의 교제에 성령을 통해 참여하게 하는 선물로 본다. 이것은 그리스도와의 연합에 참여하는 것을 의미한다. 즉 예배란 그리스도가 우리 모두를 위해 단번에 하신 일에, 그분이 성부께 자기를 드리신 일에, 십자가에서 그분의 생명과 죽음에 참여하는 것이다. 또한 이는 성부의 현존에서 그리스도가 우리를 위해 지금도 계속하시는 일 그리고 세상을 향해 성부가 그리스도를 보내시는 파송에 참여함을 뜻한다. 오직 한 분의 참된 제사장이 있고, 그분을 통해서 또한 그분과 함께 우리는 아버지 되신 하나님께 가까이 이끌려 간다. 하나님과 인류 사이에는 오직 한 분의 중보자가 있다. 하나님께 진정으로 받아들여질 만한 단 하나의 제물이 있는데, 그것은 우리의 것이 아니다. 그리스도는 자기로 말미암아 하나님께로 온 모든 사람을 그 제물로 영원히 거룩하게 하셨다(히 2:11; 10:10, 14). 십자가의 희생으로 우리를 성부의 현존에 이끌 수 있는 존재는 단 한 분이다. 이러한 이유로 종교개혁자들은 중세의 제사장직에 대한 특정 개념들을 비판하면서, 그리스도의 유일한 제사장 되심을 강조하고, 교회를 그리스도의 제사장 직무에 참여하는 왕적 제사장직으로서 새롭게 해석했다. 우리가 떼는 빵은 그리스도의 몸을 나누는 것이며, 우리가 축복하는 잔은 그리스도의 피를 나누는 것 아닌가? 우리의 자녀 됨과 성부와의 교제는 양자의 영으로 우리가 아들의 신분을 나누고 성부와의 교제도 함께 누리는 것 아닌가? 세상을 위한 우리의 중보와 세상을 향한 선교는 "우리가 믿는 도리의 사도이시며 대제사장"(히 3:1)이신 분의 중보와 선교에 참여하도록 하는 선물이 아닌가? 우리의 세례는 물과 성령을 통해 우리 죄를 씻겨 낼 단 하나의 세례, 즉 요단강의 물과 십자가의 피 안에서 우리를 위한 그리스도의 세례에 참여하도록 하는 선물이 아닌가? 이것이 성령 안에서 생명, 즉 '교제' '사귐' '나눔' '참여' 등으로 번역할 수 있는 중요한 신약의 단어 '코이노니아'(*koinōnia*)의 의미 아닌가? "하나님이 그 아들의 영을 우리 마음 가운데 보내사 '아빠 아버지'라 부르게 하셨느니라"(갈 4:6).

이러한 견해는 삼위일체적이고 성육신적이다. 이는 그리스도의 유일한 제사장 되심과 머리 되심, 우리를 위해 자기 자신을 아버지께 바치심, 성령을 통한 우리 생명과 그리스도의 연합 등에 관한 신약의 가르침을 그리스도의 몸인 교회라는 비전과 더불어 진지하게 고려한 것이다. 이 견해는 근본적으로 성례적이지만, 특별히 은총의 복음을 소중히 여긴다는 점에서 더욱 그렇다. 이때 은총의 복음이란 우리의 아버지 되시는 하나님이 우리에게 요구하시는 바인 신령과 진정으로 드리는 예배를 성자의 선물과 성령의 선물 안에서 우리에게 주심을 의미한다. 교제의 삶에 들어가도록 우리를 창조하셨던 하나님이 신적 참생명과 교제에 참여하도록 우리를 들어 올리신다. 이것이 거룩한 교제(Holy Communion), 즉 성찬(Eucharist)의 신학적 정수다. 그러므로 우리는 성부와 성자와 성령의 이름 안에서(in) 그리스도의 한 몸인 공동체 안으로(into) 세례를 받는다. 그리고 그리스도의 한 몸인 공동체는 한 분 하나님이신 성부와 성자와 성령에 대한 신앙을 고백하며, 성령 안에서 성자를 통해 성부를 예배한다. 우리는 교제하는 삶 안으로 세례를 받는다. 기독교의 삼위일체 교리는 예배와 기도에 관한 이러한 참여적 이해(participatory understanding)의 문법이다.

이 같은 견해는 공교회적(catholic)이면서도 복음적(evangelical)이다. 첫 번째 유니테리언 견해가 모든 교회와 교단이 '각자 자기 일을 한다'라는 의미에서 그리고 각자의 방식으로 하나님을 예배한다는 의미에서 분열적이라면, 두 번째 삼위일체적 견해는 서로 연합하게 한다. 이는 성부께 가는 단 하나의 길이 있음을 인정한다. 그것은 우리 예배의 외적 형태가 어떠하든지 상관없이, 성령의 교제 안에서 또한 성도의 교제 안에서 그리스도를 통하여 성부께 가는 길이다. 첫 번째 유니테리언 방식이 우리를 탈진하게 만들 수 있다면, 은총의 방법인 두 번째 방식은 기쁨과 황홀감을 끌어낸다. 내적 평화 속에서 우리는 그리스도와 연합하면서 성령에 의해 성부의 현존으로, 놀라운 교제의 삶으로, 찬송과 경배의 삶으로 들어 올려진다. 살아 계신 그리스도가 우리 가운데서 우리의 예배와 기도와 찬양을 인도하심을 우리는 안다.

종교개혁자들은 이러한 신약과 초기 기독교 예배에 대한 이해를 재발견하고자 했다. 중세 교회는 그리스도의 대리적 인간성을 사제직과 희생 제사, 공로, 교회의 중보라는 '에클레시아'(ecclesia)의 대리적 인간성(마리아와 성인들)으로 대체해 버렸다. 이런 방식은 하나님이 그리스도 안에서 우리를 위해 하셨던 일에 관한 좋은 소식인 은총의 복음을 모호하게 만든다. 종교개혁자들은 칭의에 관한 바울의 가르침, 즉 우리의 '선한 행동' 때문이 아니라 믿음으로 받아들이는 하나님의 은총으로 그리스도 안에서 하나님이 우리를 대가 없이(freely) 용납하셨다는 가르침을 분명하게 보았다. 그들은 또한 우리가 가치 있는 예배를 드렸기에 하나님이 우리를 용납하신 것이 아니라는 점도 분명히 이해했다. 하나님의 사랑 안에서, 즉 자신의 사랑하는 아들의 인격 안에서 하나님은 우리를 자유롭게(freely) 용납하셨다. 그리스도는 우리의 이름으로 또한 우리를 위해 하나님이 받으실 만한 유일한 제물을 우리 인간성 안에서 아버지께 바치셨다. 그 단 하나의 제물은 모든 인류를 위해, 모든 열방을 위해, 모든 시대를 위해 성부께 드려졌다. 그리스도는 하나의 몸, 아버지와의 교제, 그분의 계속되는 중보에 참여하도록 우리를 자기 자신과 연합하셨다. 신약의 이해에 따르면 예배에서 진정한 행위자는 '레이투르고스 톤 하기온'(leitourgos ton hagion), 즉 "성소의 유일하고 진정한 섬기는 이"(히 8:1-2)시며 우리의 찬양과 기도를 이끄시는 분인 예수 그리스도시다. 그분은 십자가에서 우리를 위해 자신을 제물로 바치심으로써 우리를 지성소 안으로, 성부의 거룩한 현존 안으로, 거룩한 교제로 지금 우리를 이끄시는 대제사장이시다.

유니테리언 관점이 사실상 성례를 파괴하는 경향이 있다면, 삼위일체의 관점은 성찬을 모든 예배의 최고 표현으로 본다. 성찬은 부활하고 승천하신 그리스도가 그분의 식탁에서 성령의 능력으로 우리와 만나시는 행위다. 성찬에서 만나는 그리스도는 자신의 수난을 우리의 기억으로 가져오시고, 우리가 성부와 자신의 교제뿐 아니라 세상을 위한 자신의 중보에 참여하도록 우리를 자기에게로 이끄신다.

17세기 애버딘 대학교에서 가장 유명했던 교수 중 한 명인 헨리 스쿠걸(Henry Scougal)은 경건 서적의 고전인 『인간의 영혼 안에 있는 하나님의 생명』(The Life of God in the Soul of Man)의 저자다.• 이 책은 감리교의 발흥에 큰 영향을 끼치기도 했다. 감리교 창시자 중 한 명인 조지 윗필드(George Whitefield)는 그의 일기에 이 책을 읽고서 회심했다고 적었다. 윗필드에 따르면, 예배란 종교적 인간인 우리가 하나님을 기쁘게 하고자 행하는 무언가가 아니다. 오히려 그는 예배 안에서 그리스도가 성령으로 우리 마음 안에서 살고자 직접 찾아오시고 그분이 우리를 하나님의 생명으로 직접 이끄신다는 사실을 발견했다. 이런 맥락에서 어쩌면 이 책 제목을 "삼위일체 하나님의 참생명으로 들어 올려진 인간의 삶"이라고 할 수도 있었을 것이다. 존 웨슬

• 헨리 스쿠걸(1650-1678)은 애버딘의 주교였던 패트릭 스쿠걸의 차남으로, 애버딘 대학교에서 수학 후 철학 교수로 임명되었다. 그는 안수를 받고 목회를 위해 학교를 떠났다가, 애버딘 대학교에 신학을 가르치기 위해 다시 돌아왔다. 하지만 그는 때 이른 죽음으로 5년밖에 교단에 서지 못했다. 『인간의 영혼 안에 있는 하나님의 생명』(CH북스)은 원래 그가 친구에게 기독교를 설명하고자 집필했지만 이후 널리 읽히게 되었고, 특별히 대각성 운동 때 큰 찬사를 받으며 영어로 기록된 기독교 고전으로 인정받았다.

리(John Wesley)는 옥스퍼드의 홀리 클럽(Holy Club)에서 공부할 때 사용하고자 스쿠걸 책의 편집본을 만들기도 했다.* 애버딘의 스코틀랜드 개혁주의 장로교 신학자가 감리교의 출현에 영향을 끼쳤다는 점이 흥미롭다.[2]

오늘날 세 개의 신학적 모델

만약 오늘날 교회 안의 예배를 바라보는 두 견해에 관한 이런 설명이 정확하다면, 우리가 종교개혁자들도 동의했던 위대한 그리스 교부들의 삼위일체적 견해를 떠나 왜 이토록 인간 중심적인 유니테리언 견해로 표류하게 되었는지 질문해야만 한다. 예배에 관한 유니테리언 견해가 지배적인 것이 삼위일체론이 쇠퇴한 가장 큰 이유일까? 만약 우리가 성부와의 사귐에 성령으로 우리를 이끄실 수 있는 유일한 존재인 예수 그리스도에게서 눈을 돌린다면, 우리는 하나님의 거룩한 요구 조건, 즉 '디카이오마타'(*dikaiōmata*, 율법의 규례)들을 충족하기 위해 우리 자신과 우리의 종교적 노력으로 후퇴하게 되지 않을

♦ 존 웨슬리는 옥스퍼드 대학교 크라이스트 처치(Christ Church)에서 수학 후 같은 대학교의 링컨 칼리지(Lincoln College) 펠로우가 되었다. 그는 사제 서품을 받은 다음 해인 1729년에 옥스퍼드에서 동생 찰스 웨슬리(Charles Wesley)를 포함한 몇 명의 경건한 그리스도인과 함께 홀리 클럽(Holy Club)을 만들었다. 이름처럼 홀리 클럽은 신앙의 규율을 엄격히 지키고 사회 구제에 헌신하는 경건한 삶을 추구했다. 이러한 이유로 한국어로는 감리교도라 다소 특이하게 번역된 Methodist(엄격한 규율 준수자)라는 단어가 웨슬리와 그 주변 인물들에게 따라다니게 되었다.

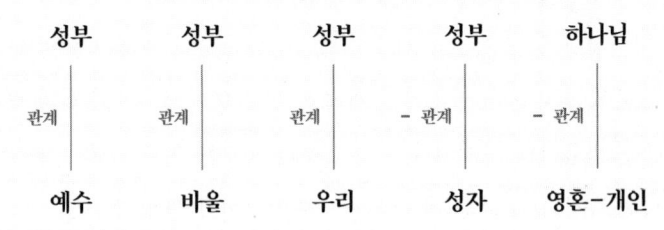

표1 유니테리언 모델(하르나크, 힉-자유주의 개신교)

까? 이러한 시도는 바울이 거짓 "육체에 대한 신뢰"(롬 10:3)라고 부르던 것과 함께 일어나지 않았던가?◆

예배에 관한 다른 두 견해에 상응하여 우리는 현대 신학의 모델을 세 가지로 나누어 볼 수 있다. 첫 번째는 공공연하게 유니테리언이고, 두 번째는 경향과 실천에 있어 유니테리언이며, 세 번째는 진정으로 삼위일체적인 신학이다.

모델 1: 하르나크 (힉) 모델. 첫 번째는 아돌프 하르나크(Adolf Harnack)의 1900년도 베를린 강의 『기독교의 본질』(Das Wesen des Christentums, 한들출판사)에서 고전적으로 표현된 19세기 개신교 자유주의 모델이다.◆◆ 최근에는 존 힉(John Hick) 교수가 형태를 변형하여 이 모델에

◆ 저자는 로마서 10:3을 언급하지만, '육체에 대한 신뢰'라는 표현은 빌립보서 3:3-4에 나온다.

◆◆ 1899-1900년에 이루어진 아돌프 하르나크의 강연 Das Wesen des Christentums은 1901년 영국 런던에서 『기독교란 무엇인가?』(What is Christianity?)라는 제목으로 번역되었다. 2007년 출간된 한국어 번역본은 『기독교의 본질』이라는 독일어 원제를 충실히 따랐다.

다시 생명을 부여하고자 했다. 이 모델에 따르면 종교의 핵심은 영혼이 하나님과 맺는 직접적 관계다. 성부 하나님이 구약의 이스라엘과 맺는 관계는 곧 예수님과의 관계이고, 성부 하나님이 예수님과 맺는 관계는 바울과의 관계이자 오늘날 우리와 모든 인류가 맺는 관계와 여전히 똑같다. 우리는 예수님과 함께 인류이자 형제자매로서, 한 분 성부 하나님을 예배하지 성육신했다는 어떤 아들을 예배하지는 않는다. 예수님은 인간이지 하나님이 아니다. 우리는 어떠한 중보자나 "성육신한 하나님의 신화"가 필요하지 않다.◆

하르나크 본인의 표현에 따르면, "예수가 선포한 복음은 오직 성부와 관련이 있지 성자와는 무관하다."[3] 예수님의 목적은 성부와 인간을 마주하게 하는 것이지 자기 자신과 인간을 만나게 하는 것이 아니다. "기독교는 단순하고 숭고한 무언가다." 이 말을 하르나크는 다음과 같이 풀어낸다. "하나님과 영혼 그리고 영혼과 하나님"은 반드시 "어떤 외부 요인의 간섭에도 자유로워야" 한다.[4] 하늘의 아버지와 자녀 사이에는 그 무엇도, 예를 들면 성직자, 성경, 율법, 교리 혹은 예수 그리스도 자신일지라도 끼어들어서는 안 된다! 하르나크는 예수님의 단순한 메시지가 그리스화하면서 교리가 생겨났다고 생각했고, 성육신에 대한 믿음이야말로 하나님과의 관계에 끼어드는 가

◆ 『성육신한 하나님의 신화』(The Myth of God Incarnate)라는 도발적인 제목의 책은 존 힉이 편집하여 1977년 영국의 SCM 출판사에서 출판되었다. 20세기 중반 개신교 자유주의 신학의 대표작으로 손꼽히는 이 책 서문에서 힉은 인간 예수가 성육신한 하나님이요, 삼위일체의 제2격이라는 고전적 교리는 예수의 중요성을 신화적이고 시적으로 표현한 것이라고 주장한다.

장 큰 "외부 요인"이라 보았다.

이런 견해는 분명히 유니테리언이고 개인주의적이다. 모든 것의 중심에는 하나님과 우리의 직접적 관계, 그리고 우리의 현재 경험이 있다. 하나님 아버지와 아들의 관계(The Father-Son relationship)는 일반적이지 특별하지 않다. 이러한 해석은 교회의 모든 위대한 교의를 다 사라지게 한다.

- 삼위일체론. 우리는 모두 하나님의 아들과 딸이고, 성령은 형제애의 영이시다.
- 성육신 교리. 예수 그리스도는 '하나님의 유일한(unicus) 아들, 우리 주'가 아니라 하나님이 창조하신 자녀 중 하나다. 아들의 신분은 특별히 그리스도에게만 부여된 것이 아니다.
- 성령, 그리스도와 연합, 그리스도의 몸으로서 교회, 성례에 관한 교리. 예수님이 교회를 세운 것이 아니다. 그분은 사랑의 교제로서 하나님의 왕국을 선포했다.

이 같은 자유주의적 재구성은 기독교에 대한 도덕주의 관점에 깊은 영향을 미쳤고 거기에 알맞은 설명을 제공했다. 즉, 예수님은 윤리적 원리를 가르치는 교사이시고, 종교적 삶이란 "남에게 대접을 받고자 하는 대로 너희도 남을 대접하라"라는 황금률에 맞게 살면서 예수님의 모범을 따르려는 우리의 노력이다. 하나님과 그리스도인의 삶을 이렇게 도덕주의적이고 개인주의적으로 이해하다 보면 삼위일체론은 의미를 잃는다. 아니, 속죄론과 조건 없이 주시는 값없는 은총의

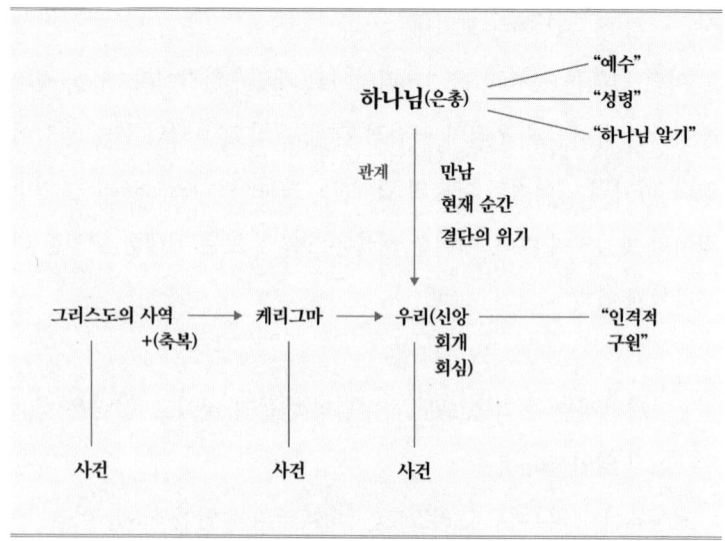

표2 실존주의적, 경험 모델 (초기 바르트, 불트만, 복음주의적 경험)

교리 등 우리가 그리스도 안에 머물도록 지켜 주는 다른 모든 교리와 함께 삼위일체론은 사실상 사라진다.

모델 2. 실존주의적, 현시대 경험 모델. 여기서도 신앙은 동시대적 직접성을 의미한다(표 2를 보라). 하나님은 만남이라는 현재 순간에 은총으로 자신을 우리에게 주신다. 그리고 우리는 신앙 안에서, 즉 회개하고 결단하며 응답한다. 오늘의 '하나님과 나'가 핵심이다. 그러나 신앙 안에서의 이런 응답은 오직 그리스도의 십자가 **사역** 때문에 가능하다.

이 모델에 따르면 1,900여 년 전에 있었던 예수님의 십자가 죽음 때문에 우리는 하나님께 용서받은 자이자 그분의 자녀로서 오늘 받아들여진다. 예수님의 사역은 우리의 현재 신앙과 구원 경험에서 도구적이다. 십자가 사건은 설교(*kērygma*) 사건을 통해 신앙 사건을 불러일으킨다. 이것은 불트만(Bultmann)의 경우처럼 급진 자유주의(혹은 유니테리언?) 용어로 해석하거나, 초기 바르트(Barth)와 같이 조금 더 복음주의적 용어로 표현할 수도 있다. 불트만에게 있어서 십자가 사건은 '케리그마'(*kērygma*)를 통해 자기 이해와 신앙의 본래적 실존을 일으켜 세운다. 그러나 이것은 삼위일체나 성육신에 대한 믿음 없이도 분명하게 주장될 수 있다. 초기 바르트에게 있어서는, 예수 그리스도가 십자가에서 이루신 속죄의 희생을 바탕으로 그리스도 안의 하나님, 곧 살아 계신 말씀이 오늘 우리와 결단의 위기 또는 신앙의 헌신 속에서 만난다. 그러나 이런 만남의 현재적 순간에 대한 강조는 성육신의 복음을 탈역사화할 수 있다. 바르트는 이러한 탈역사화 경향을 자각했고, 이내 『하나님은 그리스도 안에 계셨다』(*God Was in Christ*)를 쓴 베일리(D. M. Baillie)와 같은 저자들도 지적했다. 그리스도의 인격을 희생하면서 그분의 사역을 강조하는 것은 복음을 존재론 없는 '사건'(행위와 존재의 분리)으로 축소할 수 있고, 은총에 대한 우리의 종교적 경험을 핵심으로 만들 수도 있다. 본회퍼(Bonhoeffer)가 판단하듯, 그렇다면 우리는 예수 그리스도 그분보다 그리스도의 복에 더 큰 관심을 둘 수 있다. 이것은 구원이 단지 그리스도의 사역을 통해서가 아니라(*per Christum*) 그분의 인격 안에서(*in Christo*) 우리에게 주어짐을 인식하지 못한 데서 오는 실패다. 우리는 그리스도 안에서 또한 그분을 통해서 아버지이신 하나님께 성령의 교제 안에서 가까이 다가간다.

복음에 대한 도덕주의적 접근에서처럼, 이러한 '경험의 신학'(theology

of experience)에서 삼위일체론은 다시 한번 쇠퇴하며 종교적 경험으로 확증할 수 없는 형이상학적 사변으로 여겨질 수도 있다. 삼위일체론은 영원에서 하나님의 존재에 관한 교리가 아니라, 기껏해야 하나님이 세계 혹은 우리의 경험과 맺는 관계를 은유의 언어로 묘사하는 하나의 방법일 뿐이다. 슐라이어마허(Schleiermacher)나 실천적 유니테리언에서 보듯, 그런 점에서 이 입장은 사벨리우스주의(Sabellianism)라 할 수 있다.♦ 이 같은 접근법에 내재한 은밀한 혹은 노골적 유니테리언주의는 초기 교회에서 사벨리우스주의를 낳았고, 19세기 신학에서 다시 한번 사벨리우스주의를 촉발했다. 내 생각에 이런 경향은 주관적으로 해석한 개인의 종교적 경험에 집중하는 앵글로색슨 기독교의 자유주의와 복음주의 모두에서 매우 분명히 발견된다. 따라서 왜 칼 바르트가 『교회 교의학』(Kirchliche Dogmatik, 대한기독교서회)에서 예수 그리스도 곧 성육신하신 주님에게 중심적 위치를 주고, '크리스투스 프로 노비스'(Christus pro nobis, 우리를 위한 그리스도)를 '크리스투스 인 노비스'(Christus in nobis, 우리 안의 그리스도)보다 앞서서 해석하려고 공공연히 노력하며, 그 책의 서론(Prolegomena, 1932)에서 삼위일체론을 다루는지 이해할 수 있다. 또 본회퍼가 『그리스도론』(Christologie, 대한기독교서회)에서 슐라이어마허나 리츨(Ritschl), 헤르만(Hermann), 하르나크, 부세트(Bousset)가 선구적으로 탐구했던 '종교적 경험'을 출발점

♦ 사벨리우스주의는 성부, 성자, 성령의 세 위격이 하나의 신성이 역사에 드러나는 양태일 뿐이라는 양태론적 단일신론의 한 형태다. 3세기 당시 로마에서 이러한 주장을 펼친 것으로 알려진 장로이자 신학자 사벨리우스(Sabellius)의 이름을 따서 사벨리우스주의로 불린다.

으로 하는 신학을 재구성하려는 시도를 왜 비판했는지도 이해할 수 있다. 그는 **무엇**(what)이나 **어떻게**(how)보다 **누구**(who)라는 질문을 우선하는 성경의 패턴을 따르도록 촉구했다. 즉, 성육신(은총의 삼위일체 하나님)이라는 관점에서 속죄와 인간의 신앙을 해석해야지, 그 역방향으로 해석해서는 안 된다. 서구 문화에서 **어떻게**(how)라는 질문과 더불어 일어나는 실용적이고 문제 중심적인 집착은, 복음을 너무 쉽게 수단과 목적의 범주로 환원한다. 본회퍼는 리츨주의 사상에서 이러한 위험을 보았고, 오늘날 우리는 현실 적합성에 대한 지나친 관심 속에서 이런 위험을 자주 본다. 이와 같은 문화 개신교주의는 종교를 문화의 목적을 실현하는 수단으로 본다.

서로 다른 형태를 가진 실존주의 모델은 '솔라 그라티아'(*sola gratia*, 오직 은총으로)와 '솔라 피데'(*sola fide*, 오직 믿음으로)를 "인격적 형태"[존 맥머레이(John Macmurray)의 표현]로 정당화하려 하지만, 이것은 여전히 지나치게 인간학적으로 집중되어 있다. 비록 이 모델에서는 그리스도 안에서 하나님으로부터 인간을 향한(God-humanward) 움직임이 강조되지만, 인간으로부터 하나님을 향한(human-Godward) 움직임은 여전히 우리가 주도한다! 이 모델은 그리스도의 대리적 인간성을 잘라 버리고, 그리스도와의 연합을 하찮게 만드는 사건 신학(event theology)을 형성한다. 그리고 **우리의** 신앙, **우리의** 결단, **우리의** 응답을 강조한다. 실존주의 모델은 십자가에서 그리스도의 대리적 사역이 용서를 가져오고, 우리 신앙을 진정한 인간의 가능성으로 만든다는 점을 강조할 수는 있다. 하지만 이 모델은 지성소에서 예수 그리스도의 대제사장직을 '레이투르고스'(히 8:2)로 보는 데 실패한다. 그분은 우리의 예배를 이끄시고, 자신의 마음에 우리 슬픔을 지시면서 우리를 위해 중보하신다. 그분은 자기 안에서 우리를 하나님의 사랑스러운 자녀로 아버지 앞에 드리시고, 성령 안의 그분의 생명 안에서 우리를 자기와 연합하게 하신다. 예배를 오늘날 하나님과 우리 사이의 문제라는 2차원적인 것으로 축소하는 일은, 인간이 절대자에 대한 반응을 스스로 만들어 가도록 하나님이 우리를 내버려 두셨음을 암시한다. 이는 하나님이 이미 우리를 위해서 자신이 받으실 만한 유일한 응답을 주셨음을 간과한다. 즉, 예수 그리스도의 삶과 복종과 수난에서 인류 전체를 위한 제물이 이미 바쳐졌음을 무시한다. 이러한 견해는 진정한 기독교적 기도의 비밀뿐 아니라 복음의 위로와 평화를 잃어버리는 것 아닌가? 마땅히 기도할 바를 모를 때 성령이 우리를 위해 중보하심은 우리가 그리스도의 중보에서 나누어 갖는 선물이다. 우리의 신앙이 무엇이건, 그것은 우리 신앙의 개척자이신 그리스도 안에서 우리를 위해 이미 이루어졌고 계속 이루어지고 있는 응답에 대한 응답일 뿐이다.

모델 3: 성육신적 삼위일체적 모델. 이 모델은 예배의 삼위일체적 견해를 표현한다(표 3을 보라). 즉, 예배는 성령을 통해 성부와 성육신한 성자의 교제 안으로 참여하게 하는 선물이다. 진정 우리는 삼위일체론이 예배와 기도에 관한 이 같은 견해의 문법이라고 제안한다.

우리의 신앙이나 회개나 결단이 아무리 중요하더라도, 신약의 중심에는 이런 종교적 경험이 아니라 예수님과 성부 사이의 특별한 관계가 놓여 있다(표 3의 관계1). 그리스도는 성령 안에서 아버지와 연합

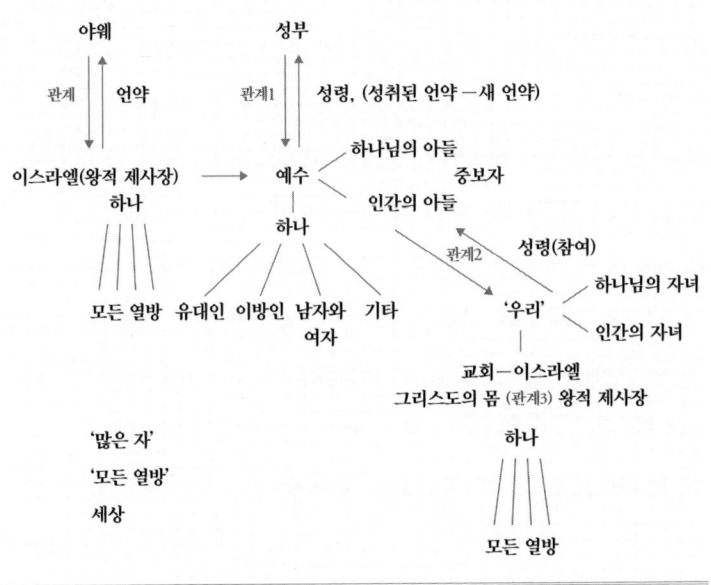

표3 삼위일체적, 성육신 모델(니케아, 칼뱅, 맥클라우드 캠벨, 바르트)

하고 교제하는 삶을 사시는 분으로, 그리고 인류를 위해 우리 인간성 안에서 영원한 성령을 통하여 자기 자신을 아버지께 바치시는 분으로 소개된다. 그분의 영으로 그리스도는 인류를 자신의 예배하는 삶과 아버지와의 교제에 참여하도록 이끄실 뿐만 아니라, 세상을 향해 아버지가 파송하신 일에도 참여하도록 이끄신다. "아버지 외에는 아들을 아는 자가 없고 아들과 또 아들의 소원대로 계시를 받는 자 외에는 아버지를 아는 자가 없느니라"(마 11:27; 요 1:18; 17:25-26). 이러한 특별한 관계는 상호 간의 사랑, 상호 간의 자기 수여, 상호 간의 증언, 상호 간의 영화로 묘사된다. 성부와 성자 사이에는 진정으로 마음의 하나 됨이 있고, 이는 성령으로 우리가 서로 친밀하게 교제하는 특별한 생명 속으로 이끌려 들어가게 한다. 십자가에서 최고로 드러난 성부와 성자의 하나 됨은 "많은 아들들을 이끌어 영광에 들어가게"(히 2:10) 하고, "우리로 아들의 명분을 얻게"(갈 4:5 이하) 하고자 함이다. 이 때문에 노리치의 줄리언(Julian of Norwich)은 감격하며 이렇게 이야기할 수 있었다.♦ "내가 십자가를 보았을 때 나는 삼위일체를 보았다.… 예수님이 나타나시는 곳에서 복된 삼위일체가 이해된다.… 삼위일체는 내 가슴을 최고의 기쁨으로 가득 채운다. 그리고 나는 이것이 천국에서 끝없이 이어지리라는 사실을 안다."[5]

마찬가지로 예수님과 성부 사이의 특별한 관계는 성령의 관점에서 해석된다. 예수님은 성령으로 잉태되셨고, 성령으로 세례를 받으셨고, 성령에 이끌려 광야로 가셨다. 영원한 성령을 통하여 그분은 십자가에서 자신을 아버지께 바치셨고, 성령이 그분을 죽음에서 일으켜 세우셨다. 그분은 우리를 위해 대신하여 자신의 인간성 속에서 아버지로부터 성령을 받으셨다. 이는 오순절에 그분이 자신의 충만함으로부터 교회에 성령으로 세례를 줌으로써, 교회가 상호 교제와 선교와 봉사의 삶으로 들어가도록 하기 위함이다(표 3의 관계2).

따라서 성령을 통해 삼위일체 하나님과 우리 사이에 **이중의 관계**가 형성된다. 하나는 그리스도 안에서 우리를 대신하여 실현된 하나님과 인류 사이의 관계이며(관계1), 동시에 다른 한편으로 그리스도

♦ 노리치의 줄리언(1342-약 1416)은 중세 영국의 신비주의자이자 은수자다. 그의 『신성한 사랑의 계시』(Revelations of Divine Love)는 영성학의 고전이자, 여성 저자가 영어로 쓴 저서 중 가장 오래된 책으로 알려져 있다.

와 교회 사이의 관계다(관계2). 그래서 우리는 친밀한 교제의 삶 속에서 예수님과 성부의 교제에 성령으로 참여할 수 있다. 두 관계 모두에서 상호 사랑과 상호 자기 수여 그리고 '페리코레시스적 연합'이라는 상호 '내주'(고대 교회의 단어로는 *perichōrēsis*)의 유대가 있다.♦

성령으로 형성된 이중의 관계 덕분에 우리는 사도와 함께 이렇게 말할 수 있다. "우리의 사귐(*koinōnia*)은 아버지와 그의 아들 예수 그리스도와 더불어 누림이라"(요일 1:3). 이것을 초기 교부들은 '인간의 아들들(자녀들)'인 우리가 은총으로 그리스도 안에서 그리고 그리스도와 연합을 통하여 "하나님의 아들들(자녀들)"이 될 수 있도록, 본성상 하나님의 영원한 아들이신 분이 인간의 아들이자 우리의 형제가 되셨다고 표현했다. 이는 유대인이나 이방인이나 "그로 말미암아 우리 둘이 한 성령 안에서 아버지께 나아감을 얻게 하려 하심이[다]"(엡 2:18).

"성부와 동일 본질의"(*homoousios*)라는 교부의 관용구는 예수 그리스도와의 교제가 하나님과의 교제의 전조가 됨을 보여 준다. 따라서 성육신한 그리스도와 성부 사이의 교제에 성령으로 참여함은 영원한 성자와 성부 사이의 교제에 참여하는 것이다. 성육신을 통해 하나님과 인류 사이에 성립된 이 교제는 하나님 안에 **내적** 관계임과 동시에, **외적으로는** 은총으로 우리에게 확장된 관계다. 하나님의 사랑

♦ 상호 내재, 상호 침투, 상호 순환, 상호 통재 등으로 번역하는 '페리코레시스'(*perichōrēsis*)는 성부 안에 성자와 성령이, 성자 안에 성부와 성령이, 성령 안에 성부와 성자가 내주하신다는 삼위일체적 개념이다. 교부 시대 때 등장한 이 단어는 삼위일체 하나님의 관계성과 통일성을 잘 보여 주기에 몰트만(Jürgen Moltmann), 볼프(Miroslav Volf), 지지울라스(John Zizioulas) 등이 전개한 현대 삼위일체 신학에서 새롭게 조명받았다.

안에서 성육신의 궁극적 목적은 우리를 교제의 삶, 즉 삼위일체 하나님의 참생명에 참여하는 삶으로 들어 올리는 일이다. 헨리 스쿠걸의 문구를 뒤집어서 표현하자면, 하나님과 교제할 때 우리는 "인간의 영혼 안에 있는 하나님의 생명"을 경험한다.

예배에 관한 이 같은 이해에서 은총의 이중적 운동을 구분할 수 있다. (1) 성부로부터(ek) 성자를 통하여(dia) 성령 안에서(en) 일어나는 하나님으로부터 인간을 향한 운동. (2) 성자를 통하여 성령 안에서 일어나는 인간으로부터 하나님을 향한 운동. 이러한 은총의 이중적 운동은 예배에서 하나님과 인류 사이 '대화'의 핵심이다. 또 은총의 이중 운동은 하나님의 페리코레시스적 존재 자체에 기초하고, 창조와 성육신과 성화에 있어 삼위일체 하나님이 세상과 맺으시는 관계를 이해하는 데 근본이다. 이러한 관계들 속에서 우리를 향하신 하나님은 가장 내밀한 하나님의 존재 안에 계신다.[6]

만약 하나님과 아들의 관계가 그리스도에게만 속한 특별한 관계가 아니라 (우리가 모두 하나님의 자녀라는 하르나크의 모델처럼) **일반적** 관계라고 상정해 보자. 그러면 삼위일체와 성육신, 속죄, 그리스도와 연합, 성례 등 우리 신앙의 모든 중요한 교리들이 다 사라져 버릴 것이다. 하지만 역으로 그리스도 안에서 우리에게 주어진 아버지와 아들의 관계가 **특별하고 절대적**이라면, 그 반대의 일이 일어난다. 삼위일체와 성육신, 단번에 이루어진 속죄, 한 분 중보자, 그리스도와 연합, 그리스도의 몸인 교회, 세례와 성찬 등 모든 교리가 니케아 교부들이 이해한 방식으로 전개된다. 폰 발타자르(von Balthasar)가 사도신경을 해설한 『사도신경』(Credo) 같은 예에서도 볼 수 있듯, 이 모든 교리 또한 삼위일체적 용어로 해석되어야 한다.

나는 앞서 설명한 세 가지 모델이 오늘날 대부분의 교회에서 볼 수 있는 각기 다른 목회자상과 신자상을 대변할 수 있다고 생각한다. 우리의 교회 현장에는 아마도 경험 모델이 가장 널리 퍼졌다고 말할 수 있을 것이다.

몇 년 전 캘리포니아에서 강의할 때, 한 학생이 물었다. "경험 모델이 뭐가 잘못인가요? 바로 제가 그 모델에 해당합니다! 전 2년 전에 회심했고, 제 삶을 그리스도께 드렸습니다." 나는 그 모델이 진정한 복음주의적 경험을 묘사하는 데 있어 잘못된 점이 없어 보인다고 대답했다. 신약 시대 이후 지금까지 바울이나 존 스토트(John Stott), 빌리 그레이엄(Billy Graham) 등이 그리스도의 십자가를 신실하게 설교하는 곳에서 사람들은 신앙을 가졌고 회심했다. 그러나 여러분의 신학을 그 위에 세워서는 안 된다. 그렇다면 너무 많은 것이 잘못될 수 있다. 예를 들어 그 모델에서 성찬에 대한 우리의 이해는 어떻게 되는가? 성찬은 단지 그리스도의 죽음을 기념하는 일로 축소될 수 있다. 하지만 루터와 칼뱅, 녹스 모두 그런 해석을 완강히 거부했다. 또 세례는 나의 신앙과 나의 결단, 나의 회심, 나의 죽음과 살아남(나의 주관적 성화)의 외적 징표가 되어 버린다. 그러나 세례는 내 신앙이나 내 결단과 회심, 내 죄를 씻어 버리는 나의 죽음과 살아남이 아니다. 우리의 세례는 그리스도의 피 안에서 그리고 십자가 위에서 우리를 위해 그리스도가 대신 받으신 세례이며, 우리가 물과 성령을 통해 은총으로 그의 죽음에 참여하는 것이다. 경험 모델에서 교회 역시 공통의 경험을 가진 참신자의 모임일 뿐이지, 그리스도의 제사장직을 나누어 갖는 왕적 제사장은 아니다.

시애틀에서 나의 강의를 들은 어떤 미국의 오순절주의 목사가 이 같은 경험 모델의 약점을 성찰하고는, 자신이 지난 10년간 목회하면서 자신과 자기 교인들을 경험으로 살아가도록 "흥분시켜" 왔다고 고백했다. "나는 지치고 지루해졌습니다. 그리고 그 중심이 모두 잘못되었음을 발견했습니다. 우리는 자신의 주관적 경험이 아니라, 생명의 빵이신 그리스도로 살아야 합니다." 그는 교회에서 사임하고 박사 학위를 위해 애버딘으로 왔다. 그리고 세대를 따라 내려오는 교회의 위대한 성인들이 보여 준 영성에는 삼위일체적이고 그리스도 중심적인 본성이 있음을 연구했다. 그는 이런 발견을 자신의 "회심"이라고 묘사했다. 그리스도에 대한 우리의 경험보다 더 중요한 것은 우리를 경험하신 그리스도시다.

나는 우리의 삼위일체적 모델이 진정한 복음주의의 경험을 더 정당하게 이해하는 방식이라고 생각한다. 그 경험은 찰스 웨슬리와 아이작 와츠(Isaac Watts)의 복음주의 찬송에 나타나듯 예수 그리스도 안에 객관적으로 기초한다. 우리는 그리스도의 의로움으로 옷 입은 자신이 "그(그리스도) 안에서" 발견되기(빌 3:7-11)를 갈망하며, 우리 자신에서 시선을 옮겨 예수 그리스도를 믿음 안에서 응시해야 한다.

놀랍게도 20세기 신학의 상당수가 삼위일체론과 성육신론의 중심성을 재발견하고자, 첫 번째 모델에서 두 번째 모델을 거쳐 세 번째 모델로 옮겨 왔다. 이러한 움직임은 역사적 예수에 대한 유니테리언적 탐색인 아돌프 하르나크의 1900년 강의에서 시작되었다. 그러고는 키르케고르(Kierkegaard)적 통찰의 영향과 칼 바르트의 초기작

『로마서』(Römerbrief, 1919)의 출간으로 촉발된 1920년대 '변증법적 신학' 혹은 '위기의 신학'을 거쳤다. 이 변화는 결국 바르트가 『교회 교의학』(1932년부터 출판)에서 신학을 삼위일체와 성육신에 기초하게 하려 했던 노력으로 이어졌다. 이러한 흐름에 많은 신학자가 다양한 방식으로 뒤따랐다. 대표적으로 로마 가톨릭 신학에서는 라너(Rahner)와 폰 발타자르, 개신교 신학에서는 몰트만, 윙엘(Jüngel), 토런스(T. F. Torrance), 콜린 건턴(Colin Gunton), 정교회 신학에서는 존 지지울라스(John Zizioulas) 등이 있다.

1983년 11월, 영국의 주요 교단 전체를 대표하는 영국 교회 협의회(B.C.C.)는 향후 5년간 활동할 '오늘날의 삼위일체론 연구 위원회'(Study Commission on Trinitarian Doctrine Today)를 구성했다. 그리고 삼위일체론 중심성을 되찾아야 한다는 결론에 만장일치로 도달했고, 『잊힌 삼위일체』라는 제목으로 탁월한 세 권의 소책자를 출판했다. 이 세 권의 내용은 각각 다음과 같다. (1) 지성을 가진 평신도도 읽을 수 있게 기획된 보고서, (2) 교회 공부 모임에서 사용할 수 있는 성경 공부 안내서, (3) 위원회에서 발표된 삼위일체론의 중요 문제들에 관한 논문 모음.[7]

왜 B.C.C. 위원회는 우리가 삼위일체론이라는 기독교의 중요 교리로 돌아가야 하다고 그토록 강하게 느꼈을까? 거기에는 세 가지 중요한 이유가 있다.

1. 우리는 하나님에 대한 더 나은 교리를 요구한다. 너무 오랫동안 우리의 신 개념은 자연법의 수여자, 법을 충족해야만 은혜로워지는 서

구 법학의 계약의 신, '본질'이라는 정적 개념, 부동의 동자이자 무감정성의 제1원인으로서 신 등 플라톤과 아리스토텔레스 그리고 스토아 철학이 개념화한 신의 모습에 지배받았다. 우리는 계약(contract)의 신이 아니라 은총의 언약(covenant)의 하나님이라는 성경적 이해를 되찾아야 한다.[8] 성경의 하나님은 교제 속에서 사랑의 존재(his loving Being-in-communion)를 가지신다. 사랑의 자유 안에서 하나님은 우리가 하나님과의 교제와 서로 간의 교제를 통해 우리의 진정한 존재를 발견하도록 우리를 창조하시고 구원하셨다.

2. 우리는 예배에 대한 더 나은 이해를 위해 삼위일체론을 재발견해야 한다. 모든 예배는 은총의 선물, 즉 성령을 통해 성육신하신 성자와 성부가 나누는 교제에 참여하게 하는 선물이다. 기독교 예배는 다음과 같은 중요한 세 가지 면에서 삼위일체적이다.

- 우리는 아버지께, 성자를 통해, 성령 안에서 기도한다. 가장 오래된 고대 예전에서는 주기도문과 마찬가지로 기도는 무엇보다도 성부 하나님을 향한다.
- 우리는 삼위 하나님 각각의 인격에 기도한다. 우리는 성부께 기도한다. 우리는 성자께 기도한다("오소서, 주 예수여"). 우리는 "성부와 성자와 함께 예배와 영광 받으시는"(니케아 신경) 성령께 기도한다(*Veni Creator Spiritus*, 오소서 창조자 성령이여). 여기서 우리는 니케아의 '동일 본질의'(*homoousios*) 중요성을 본다. 우리는 오직 한 분 하나님께 기도하지만, 신약과 교회 예배 생활에서 삼위 각각

의 인격을 향해 기도한다는 보증을 받는다. 오직 "하나님의 존재"[하나님의 '우시아'(*ousia*, 본질)]를 가진 분이 창조자이시고 심판자이시며 구원자이시자 예배의 대상이시다. 니케아 교부들은 신약성경의 빛 아래서 이러한 용어들이 각각 세 인격에 해당한다는 것을 깨달았지만, 그들의 예배와 아리우스주의, 반아리우스주의(semi-Arians) 논쟁의 경험에서도 하나님의 삼위일체 되심을 보았다. 세 인격은 각각 창조자, 심판자, 구원자로서 예배의 대상이신 하나님의 '우시아'를 가지신다. 따라서 교부들은 '호모우시오스'(*homoousios*), 즉 '존재에서 하나'라는 단어를 만들었다. 성부, 성자, 성령은 셋으로 구분되면서도 '존재에서 하나'시다.

- 우리는 시편 찬양의 마지막에 송영을 부르며 한 분 하나님, 성부와 성자와 성령께 영광을 돌린다.'

하지만 예배 형식의 삼위일체적 세 형태 모두에서 예배가 은총의 선물임을 인식하는 일이 가장 중요하다. 성부는 우리가 상호 교제의 삶에 들어오도록 성자와 성령을 주셨다. 성부는 사랑 속에서 우리가 하나님 자신의 삼위일체적 생명에 들어오도록, 성자와 성부 사이의 교제에 우리가 성령으로 참여하게 하신다.

- 가톨릭, 정교회, 성공회 같은 대표적인 예전적 교회뿐만 아니라 많은 개신교회에서 시편 찬송을 라틴어 '글로리아 파트리'(*Gloria Patri*, 성부께 영광을)로 시작하는 삼위일체께 드리는 송영(*Gloria Patri, et Filio, et Spiritui Sancto*)으로 마무리한다.

3. B.C.C. 위원회는 우리가 더 나은 기독교 인간론, 즉 인간과 공동체에 대한 더 나은 이해를 위해 삼위일체론을 재발견해야 한다고 강조했다.

삼위일체와 인간 인격

기독교 사상사에서 우리는 하나님에 관한 교리가 인간에 대한 우리의 이해를 반영하고, 반대로 인간에 대한 이해가 우리 하나님에 대한 시각을 반영하는 것을 볼 수 있다. 서구 문화의 단호한 개인주의는 '저 밖에 있는' 최고 권력을 지닌 개인주의의 궁극적 실체(Monad)에 상응한다. 중세 가톨릭의 경건과 유사하게도 개신교의 노동 윤리는 공로를 보상하는 계약의 신에 상응한다. 이성을 가진 개인이라는 인격에 대한 서구 개념은 스토아주의의 신 개념, 즉 신은 개인의 마음에 도덕법을 새겨 놓고 이를 이성의 빛으로 판별하게 하는 자연법의 수여자라는 개념에 상응한다. 보에티우스(Boethius, 약 480-525)는 인격을 이성적 본성을 지닌 개별적 실체(*persona est substantia individua rationalis naturae*)로 보았고, 이는 서구 신학에 큰 영향을 끼쳤다. 인격에 관한 그의 정의는 세 가지 정신적 기능(이성, 의지, 감정)을 지닌 실체로서의 개인이라는 정적 개념을 역사에 남겼다. 인간에 대한 이러한 정의는 비모순율에 지배받고, (자연과학이든 형이상학이든 신학이든 상관없이) 모든 분야에 적용되며, 모든 개인이 똑같이 지닌 이성을 우선시한다. 각 개인은 같은 권리를 가진다. 최소한 실천에 있어서나마 여기에서 유니테리언 신 개념이 철저하게 지배적이다. 인간을 위한 신의 궁극적 목적은 법적이고 합리적이며 개인주의적이다. 이러한 신 개념과 자연법 개념은 '사회 계약' '정부의 계약' '사회의 계약'이라는 관념과 더불어 근대 민주주의가 일어나는 데 엄청난 영향을 끼쳤다.⁹ 그러나 사랑의 교제 안에 존재를 가진 신이라는 기독교 삼위일체론에 상응하는 개념은 매우 다르다. 인간을 위한 하나님의 궁극적 목적은 단지 법률적이지 않고 부모 자식 관계와 같다. 하나님은 교제 속에 있는 우리의 참존재(our true being-in-communion)를 우리가 그분의 자녀 됨 안에서 또한 상호 인격적 사랑의 관계 안에서 발견하도록 창조하셨다. 여기서 이성은 정적이거나 본체적인 것이 아니라, 역동적이고 기능적인 것으로 이해된다. 즉 이성은 타자에게 반응하는 전인으로서 사람의 능력이자, 진리에 진실할 수 있는 능력이며, 서로 "사랑 안에서 참된"(alētheuontes en agapē, 엡 4:15) 능력이다.¹⁰

오늘날 우리에게는 단지 개인으로서가 아니라, 하나님 그리고 타자와의 교제 안에서 자신의 참존재를 발견하는 인간 이해가 요구된다. 이러한 인간상이야말로 하나님에 관한 삼위일체적 교리에 상응한다. 신약의 하나님은 성자의 아버지이자, 성령 안에서 성부의 아들로서 자신의 참존재를 가지신 하나님이시다. 하나님은 사랑이시다. 교부 신학의 단어를 사용하자면 하나님은 성부와 성자와 성령의 상호 내주인 '페리코레시스', 즉 교제 안에서 자신의 참존재를 가지신 분이다. 하나님은 우리가 하나님뿐만 아니라 다른 인간과도 페리코레시스적으로 연합하여 진정한 인간성을 찾도록, 하나님의 형상으로 우리를 남자와 여자로 창조하셨다. 그리고 그분은 그리스도 안에서 우리를 하나님 형상으로 새롭게 하신다. 예수님은 말씀하셨다. "아버지께서 나를 사랑하신 것같이 나도 너희를 사랑하였으니…너희도 서로 사랑하라"(요 15:9-13).

복음 안에는 교제와 상호 내주와 페리코레시스적 연합이라는 삼중의 관계가 우리를 위해 성립되어 있다. (1) 우리가 그 속으로 이끌려 참여하는 성령 안에서 예수님과 성부의 관계 (표 3에서 관계1). (2) (성찬에서와 마찬가지로) 성령의 교제 안에 있는 그리스도와 그분의 몸의 관계(관계2), (3) (엡 5:25-33의 결혼 관계와 마찬가지로) 성령 안에서 생명으로 그분의 몸 일부가 된 구성원의 관계(관계3). 이것을 칼 바르트는 '관계의 유비'(the analogy of relation)라 불렀고, 이를 바탕으로 삼위일체에 동료 인간성(co-humanity, *Mitmenschlichkeit*)의 신학적 인간론을 기초시켰다. 하나님이 그리스도 안에서 우리를 아무 조건 없이 자유롭게 사랑하고 용납하셨듯이, 우리도 그리스도 안에서 서로를 조건 없이 자유롭게 사랑하고 용납해야 한다.

예배에서처럼 우리는 서로의 인격적 관계에서도 성령을 통해 성육신한 성자와 성부 사이의 교제, 즉 하나님의 삼위일체적 생명에 참여하는 선물을 받는다. 이는 우리가 성찬의 식탁만큼 진정으로 인간이 될 수 있는 곳이 없음을 의미한다. 성찬에서 그리스도는 우리를 성부와 교제하는 자신의 생명뿐만 아니라 서로 간에 맺는 교제로 끌어들이신다. 그리스도 안에서 하나님은 창조의 목적을 이루시고 자신의 왕국을 세우고자 "자기 안에서 한 새 사람을 지[으시는 것]"을 (엡 2:15) 목적으로 삼으신다.

근대 세계에서 그리고 보에티우스와 계몽주의의 전통 안에서, 일반적으로 우리는 '인격'(the person) 개념을 '개인'(the individual) 개념과 동일시한다. 그러나 기독교적 이해에 따르면 이것은 실수다. '아버지' '어머니' '남편' '아내' '형제' '자매'와 같은 단어들이 관계적 용어듯, '인격'이라는 단어도 관계적이다. 인간은 관계와 사랑과 교제 안에서 자신의 참존재를 발견한다. 여러 속성을 지닌 개인에 관한 실체 존재론(substance ontology)이 서구 신학에서 하나님, 예수님, 인간으로서 우리를 해석할 때 너무 오랜 기간 압도적 힘을 발휘했다. 하나님과 인간의 인격성에 관한 더 나은 교리를 가지려면 우리는 위대한 그리스 교부들, 즉 아타나시우스(Athanasius)와 카파도키아 교부들의 방식으로 관계적 존재론(relational ontology)을 재발견해야 한다. 존 지지울라스는 이것을 『친교로서 존재』(Being as Communion, 삼원서원)에서 강력히 주장했다.[11]

이것은 우리 문화에서 매우 급박한 문제다. 예를 들어 우리 문화에서 너무나 많은 결혼이 파탄 나고 있음을 볼 수 있다. 우리는 개인을 권리와 의무를 지닌 사람(토머스 제퍼슨), 생각하는 자아(데카르트), 이성을 부여받은 존재(보에티우스), 스스로 법칙을 수여하는 자율적 자아(칸트), 노동 윤리로 동기 부여된 존재, 물질적·경제적·사회적·감정적·성적·문화적 필요를 지닌 누군가로 편향되게 해석해 왔다. 이런 문화 속에서 두 개인이 법적으로 결혼 계약을 맺을 수는 있다. 하지만 이들이 자신의 가능성을 실현하고자 개인의 권리를 주장하거나, 상대방을 자신의 필요를 충족하기 위한 존재처럼 대하면, 곧 결혼이 무너져 버릴 위기에 빠진다. 진정한 언약의 사랑, 상호 수여와 수용, 페리코레시스적 연합, 깊이 있는 친밀한 교제가 없기에 그러한 관계는 붕괴해 버린다.

내가 에든버러 대학교의 학부생이었을 때 도덕 철학을 가르쳤던 존 맥머레이 교수는 '개인'과 '인격'이라는 구분에 상응하여 '사회'와 '공동체'를 구분하곤 했다.♦ 그는 사회를 (경제, 재정, 신체 등의) 필요를 충족하고자 법과 고용과 계약을 통해 간접적으로 관계를 맺은 개인들의 무리로 정의했다. 반면 공동체는 관계 안의 사람들, 즉 사랑으로 직접 관계 맺은 사람들의 모임이라고 정의했다. 그는 마르크스주의뿐만 아니라 자본주의도, 사회의 경제 구조를 변화시킨다면 우리가 공동체를 만들 수 있으리라는 실용주의적인 순진한 신념을 상당 부분 공유했기에 잘못되었다고 말하곤 했다. 그는 "안 됩니다! 당신은 공동체를 파괴할 수 있습니다"라고 했다. 70년이나 공산주의를 겪고 나서야 동유럽 사람들은 자유로운 공동체와 계급 없는 사회를 만드는 데 실패했음을 알았고 그 멍에를 던져 버렸다. 우리는 모든 것을 시장의 힘 아래 굴복하게 하려는 서구 자본주의의 여러 모습에서도 비슷한 결과를 볼 수 있다. 서구 자본주의는 대량 실업을 초래하고, 부자와 가난한 자를 양극화하며, 의료 서비스를 약화하고, 가난하고 힘없는 자를 위해 정의와 인간성이 요구되는 상황에서 온정을 베푸는 데 실패할 수 있다. 맥머레이는 공동체라는 개념이 히브리-기독교적 정신에서 나온 종교적 관념이라고 주장했다. 삼위일체

♦ 스코틀랜드의 철학자 존 맥머레이(1891-1976)는 잉글랜드의 맨체스터, 옥스퍼드, UCL 등에서 철학을 가르치다가 스코틀랜드의 에든버러 대학교로 옮겨서 은퇴할 때까지 도덕 철학 교수로 재직했다. 특별히 1953-1954년에 글래스고 대학교에서 열린 그의 기포드 강연은 각각 『행위자로서 자아』(*The Self as Agent*)와 『관계 속의 사람』(*Persons in Relation*)으로 출판되어, 이후 철학과 신학의 발전에 영향을 끼쳤다.

적 관점에서 보면 하나님은 공동체를 창조하는 일에 종사하고 계신다. 우리는 물론 경제적·재정적·정치적 필요를 가지고 사회에서 살아가는 사회적 존재들이지만, 공감력 있는 정부는 사랑하고 서로를 돌보는 공동체를 현실화하려고 힘써야 한다.

하나님이 자연법과 도덕법의 창조자이며 (미국 헌법처럼) 생명과 자유와 행복 추구권을 가진 개인을 만든 자라는 신의 객관성에 대한 믿음에서 개인주의의 옛 형태가 자라났다는 사실은 의미심장하다. 그러나 하나님과 도덕법의 객관성에 대한 신념이 쇠퇴하는 세속 사회에서는 무슨 일이 벌어지는가? 앨런 블룸(Allan Bloom)이 『미국 정신의 종말』(The Closing of the American Mind, 범양사)에서 그토록 힘 있게 말했듯,[12] 모든 것이 끝없는 유동 상태(헤라클레이토스)로 향하고 있다.• 그 결과 우리는 내 권리, 내 생명과 내 자유, 내 행복 추구권이라는 자아 집착의 나르시시즘으로 함몰하는 (미국) 정신의 종말을 목격하고 있다. 그리고 이때 종교는 자기실현을 위한 도구가 되고 만다. 사람들의 모든 관심은 자긍심, 자기 충족, 자기 정체성, 인간 잠재력 개발 운동(Human Potential Movement)과 가능성 사고(Possibility Thinking)에 있다.•• 이러한 관심사는 포스트모더니즘의 니힐리즘이나 자아를

• 앨런 블룸(1930-1992)은 코넬, 시카고 대학교 등에서 교편을 잡았던 미국의 철학자이자 고전학자다. 1987년에 출판된 대표작 『미국 정신의 종말』에서 미국의 교육 제도에 대해 비평한 것으로 유명하지만, 그는 플라톤을 번역하거나 주석하는 등 서구 고전 분야에서도 주목할 만한 학문적 업적을 남겼다.

•• '인간 잠재력 개발 운동'은 1960년대 유행했던 미국의 반문화주의 운동 중 하나다. 캘리포니아의 에살렌 연구소(Esalen Institute)를 중심으로 인간 중심의 심리학과 연계된 이 운동은 창조성과 자아실현, 행복 등으로 가득한 삶과 사회를 이루기 위해 인간 안에 내

하나님과 동일시하는 뉴에이지 운동의 신영지주의(neo-gnosticism)로 이끈다.[13] 너 자신을 알라. 너 자신의 정체성을 자각하라. 그러면 너의 영성 깊은 곳에서 하나님을 알게 될 것이다. 고로 자기 이해와 성적 취향을 표현하기 위해 새로운 하나님의 이미지를 요구하라. 이 문제는 나중에 다시 다루기로 하자.

이에 대한 기독교적 응답은 무엇일까? 진선미와 정의의 객관성을 회복하고자 앨런 블룸이 제안하듯 플라톤의 『국가』(Politeia)로 돌아가야 할까? 이성의 친절한 빛 아래서 식별하는 자연법과 도덕법이라는 오래된 관념을 거기에 수반된 개인주의와 함께 되살려야 할까? 그게 아니라면, "잊힌 삼위일체"로 돌아가야 하지 않을까? 우리의 참존재를 하나님과의 교제와 서로 간의 교제에서 발견하기 위해, 나르시시스트적 자아 집착에서 우리를 건져 내는 성령에 대한 이해로 돌아가야 하지 않을까? 성령을 통해 그리스도와 성부 사이의 교제와, 더 나아가 성부가 그리스도를 세상으로 파송하시는 일에도 참여하라고 지금 우리를 부르시는 하나님께 귀 기울이고자 "잊힌 삼위일체"로 돌아가야 하지 않을까? 타자를 향한 교제와 하나님 나라를 위한 봉사에서 진정한 자기실현을 이루는 새로운 인간성을 지금 창조하기 위해 "잊힌 삼위일체"로 돌아가야 하지 않을까?

재한 무한한 가능성을 개발할 것을 주장했고, 이를 위한 집단 치유 방식도 발전시켰다. 적극적 사고로도 번역되는 '가능성 사고'는 로버트 슐러(Robert Schuller) 목사로 대표되는 미국 번영 신학에서 흔히 강조되는 삶의 자세다. 슐러 목사는 1970년대 텔레비전 설교에서 하나님의 사랑과 은총으로 현실의 고난과 궁핍을 극복할 수 있다는 메시지를 선포한 것으로 유명하다.

2장

유일한 제사장이신 그리스도, 예배의 중보자

캘리포니아의 풀러 신학교(Fuller Theological Seminary)에서 예배 신학을 강의할 때 나는 발보아 반도에 있는 아파트에 머물렀다. 그 아파트는 바다에서 200미터도 채 떨어지지 않은 곳에 있었다. 어느 날 수영을 하려는데, 해변을 따라 깊은 생각에 잠긴 한 노신사가 천천히 걸어오는 모습을 보았다. 나는 바다로 들어가며 그에게 인사했다. 내가 바다에서 나왔을 때 그는 산책하고 돌아오는 중이었다. 노신사는 나에게 다가와서 내가 누구이고 어디서 왔는지를 물어보았다. 나는 스코틀랜드에서 왔고, 미국에서 강의와 설교 여행 중인 장로교 목사라고 답했다. 그는 얼굴이 밝아지며 "내가 지금 이 순간 목사님을 만나다니 얼마나 놀라운 일인가요!"라고 말했다. 그러고는 자신의 이야기를 쏟아 냈다

45년간의 행복한 결혼 생활을 뒤로하고 그의 아내는 암으로 죽어가고 있었다. 그녀는 막 대수술을 받았다. 그는 말했다. "나는 절망한 채 뉴포트 해변의 거리를 오가며 거닐었습니다. 아내 없는 미래 그리고 신앙 없는 미래를 어찌 맞아야 할지 모르기 때문입니다." 그는 이어서 말했다. "제 아버지는 장로교 목사였고 저는 신앙의 가정에서 자랐습니다. 그러나 저는 교회에서 멀어졌습니다. 목사님이 제게 말을 건넬 때, 저는 제 아버지가 기도의 사람이었고 어머니가 돌아가셨

을 때도 놀라운 신앙을 가졌음을 기억했습니다. 저는 그런 믿음을 원합니다. 저는 기도하려고 애쓰며 해변을 거닐었습니다. 하지만 저는 기도할 수가 없습니다!"

내가 그에게 뭐라고 했을까? 그가 어떻게 하면 신앙을 얻고 어떻게 기도해야 할지를 말했을까? 달리 말해서 그가 자기 자신을 의지하도록 인도했을까? 아니다. 나는 그러지 않았고 대신 이렇게 말했다. "어르신의 아버님이 틀림없이 하셨을 말을 제가 해 드려도 될까요? 예수 그리스도 안에서 우리는 이 모두를 아는 누군가와 있습니다. 그분이 이 모든 것을 겪으셨습니다. 자신의 고통과 죽음과 소외에서 말이죠. 그리고 어르신 부부가 이 모든 일을 통과해 부활의 삶에 이르도록 그리스도는 직접 두 분을 지고 가십니다. 그분은 믿음을 향한 어르신의 외침을 들으셨고 대답하시는 중입니다." 나는 계속 말했다. "어르신은 기도하기를 원하고 기도하려고 노력하며 해변을 거니셨지만, 정작 어떻게 기도할지 몰랐습니다. 예수 그리스도 안에서 누군가가 어르신을 위해 기도합니다. 그분은 이미 어르신의 신음을 들으셨습니다. 그리고 그분은 어르신을 위해, 어르신과 함께, 어르신 안에서 간구하고 계십니다." 그리고 나는 노신사에게 베드로가 유혹을 받으려는 순간 예수님이 하신 말씀인 누가복음 22:31-32을 들려주었다(40절도 보라). "시몬아, 시몬아, 보라 사탄이 너희를 밀 까부르듯 하려고 요구하였으나 그러나 내가 너를 위하여 네 믿음이 떨어지지 않기를 기도하였노니." 그런데도 베드로는 주님을 부정했다. 예수님은 십자가형을 선고받고 잡혀가셨다. 그러나 부활하신 주님은 베드로에게 돌아와 말씀하셨다. "시몬아 네가 나를 사랑하느냐?" 베드로가 말했다. "주님…내가 주님을 사랑하는 줄 주님께서 아시나이다"(요 21:15 이하). 심지어 그리스도를 부정하는 중에도 베드로는 그리스도의 중보로 지탱되었다. 나는 노신사에게 로마서 8:26 이하의 구절들도 들려주었다. 거기서 바울은 말한다. "성령도 우리의 연약함을 도우시나니 우리는 마땅히 기도할 바를 알지 못하나 오직 성령이 말할 수 없는 탄식으로 우리를 위하여 친히 간구하시느니라." 나는 말했다. "우리 누구도 어떻게 기도하는지 모릅니다. 그러나 성령은 우리에 관한 모든 것을 아십니다. 성령은 어르신의 모든 것을 아시고, 어르신의 욕망과 신음뿐 아니라 어떻게 기도하는지 알고자 하는 갈망도 해석하고 계십니다. 성령은 어르신을 위해 간구하시며, 어르신을 하나님 아버지께로 이끌고 계십니다." 그리고 나는 로마서 8장의 다음 구절을 인용했다. "누가 정죄하리요? 죽으실 뿐 아니라 다시 살아나신 이는 그리스도 예수시니 그는 하나님 우편에 계신 자요, 우리를 위하여 간구하시는 자시니라." 그러므로 "어떤 피조물이라도 우리를 우리 주 그리스도 예수 안에 있는 하나님의 사랑에서 끊을 수 없으리라." 심지어 죽음도 그럴 수 없다! 나는 해변에서 그와 함께 기도했다.

다음 날 노신사는 나를 찾아와서 말했다. "목사님이 제게 말씀하셨던 것들을 아내에게 이야기했습니다! 제게 더 설명해 주세요!" 사흘째 되던 날 그는 다시 왔다. "부탁이 있습니다! 오셔서 제 아내에게도 말씀해 주세요!" "물론이지요." 나는 말했다. 노신사는 나를 아내의 머리맡으로 데려갔다. 거기에는 연약하고 죽어 가는 여인이 있었다. 내가 그들에게 무엇을 이야기했을까? 나는 삼위일체에 관해 이야기했다! 나는 그 용어를 사용하지는 않았다. 그러나 나는 그들에게 사랑의 하나님, 즉 기도 속에서 우리를 자신에게 가까이 이끌고자 그리스도와 성령을 우리에게 주신 성부에 관해 이야기했다. 우리가 용서받고 자녀 됨의 선물을 받고, 영원한 생명으로 성령에 의해 이끌리도록 우리를 위해 죽으신 예수 그리스도에 관해 이야기했다. 나는 우리의 대제사장이시고, 우리의 약함을 느껴 마음이 동하시고, 우리를 위해 간구하시고, 성령으로 우리 마음을 여시는 그리스도에 관해 이야기했다. 나는 노부부를 위해 기도했다. 몇 주 후 그는 내게 편지를 써서 자기 아내가 "예수님의 팔에서 편안히" 세상을 떠났음을 알렸다.

내가 볼 때 목회 상황에서 우리의 첫 임무는 무엇을 해야 하고 어떻게 해야 하는지를 훈계하고 가르치면서 사람들이 자신을 의지하도록 하는 것이 아니다. 우리의 임무는 은총의 복음으로 사람들이 예수 그리스도를 향하도록 하는 일이다. 이는 사람들이 그리스도가 자기를 인도하시도록 그분을 바라보고, 믿음과 기도로 자기의 마음을 열고, 성부와 교제하시는 그분의 영원한 생명 속으로 성령에 의해 들어가게 하기 위함이다. 기독교의 삼위일체론은 은총의 문법이면서 동시에 목회 사역의 문법이기도 한 로마서 8장의 문법이다. 기도의 길을 걷고자 한다면, 그 첫걸음은 우리 누구도 마땅히 어떻게 기도해야 할지를 알지 못한다는 사실을 인정하는 일이다. 그러나 우리가 마음의 갈망을 하나님께 가지고 가면 누군가가 우리를 위해, 우리와 함께, 우리 안에서 기도한다는 사실을 발견한다. 그렇게 하심으로써 그분은 우리에게 기도를 가르치시고 우리가 기도하는 이유가 되신다.

그리고 평화 안에서 주님께 기도하도록 우리를 움직이신다. 예수님은 우리의 약하고 이기적이며 중얼거리는 기도들을 취하신다. 그리고 그러한 기도들을 정화하시고 자기 자신의 기도로 삼으신다. 이러한 '놀라운 교환'(*mirifica commutatio – commercium admirabile*) 안에서 그분은 자신의 기도를 우리의 기도로 만드시고,[1] "아빠 아버지"라고 부르시며 우리를 사랑스러운 자녀로 성부께 선물하신다.

중보하시는 그리스도

기도에 대한 적절한 이해를 위해 우리는 그리스도가 유일한 제사장이시라는 신약의 가르침을 되살려야 한다. 즉 우리를 위해 그리고 우리 안에서 누군가가 우리가 하고자 한 일과 실패한 일을 대신하신다. 그 누군가가 우리를 위해 간구하시고자 영원히 사시고(히 6:20; 7:25-28; 8:1-6), 자신의 간구를 나누시고자 성령의 선물을 우리에게 주신다.

스코틀랜드 어린이들이 배우는 웨스트민스터 소교리문답에 기도에 관한 진술이 있다.

질문: 기도란 무엇입니까?
답: 기도는 하나님의 뜻에 알맞게, **그리스도의 이름으로**, 우리의 죄에 대해 고백하고 하나님의 자비를 감사로 인정하면서 우리의 갈망을 하나님께 드리는 것입니다.

그리스도가 이미 우리의 이름으로 우리의 갈망을 하나님께 올려 드리셨고 또 계속해서 올려 드리고 계시기에, 우리는 오직 "그리스도의 이름으로" 기도할 수 있다. 그리스도는 우리의 이름으로 하나님의 뜻에 알맞은 삶을 사셨고, 우리의 이름으로 우리의 죄를 대신하여 고백하시고, 우리를 위해 유죄 판결을 받으셨으며, 우리의 이름으로 하나님께 감사를 드리셨다. 우리는 그리스도가 우리의 이름으로 우리를 위해 하셨고 오늘도 하고 계신 일 덕분에 "그리스도의 이름으로" 기도한다.

신약성경에 나오는 그리스도의 기도와 중보 사역에서 그분의 대제사장직에 관한 생생한 표현을 찾을 수 있다. 특히 우리 주님의 대제사장 기도가 나오는 요한복음 17장 그리고 구약 이스라엘 예배의 예전적 상징주의를 사용하여 그리스도의 사역을 설명하는 히브리서가 대표적이다.

구약 시대 이스라엘뿐 아니라 오늘날 이스라엘에서도 속죄의 날(*yôm kippûr*)에는 유대교 예배에서 가장 중요한 행위가 이루어진다. 속죄의 날은 한 해의 다른 모든 날에 드린 예배를 모으는 단 하루였다. 그날에 성소에서 매일 드려졌던 제물 모두를 압축한 제물이 하나님께 드려졌다. 그날 모든 이스라엘의 예배와 간구가 단 한 사람, 곧 대제사장에 의해 인도되었다.

속죄의 날의 상징주의에 대해 잠시 생각해 보자. 첫째, 대제사장은 백성 앞에 하나님이 선택한 대표로 섰다. 대제사장은 백성의 뼈 중의 뼈요, 살 중의 살이자, 그들의 형제이고, 자신이 대표하는 백성과 연대하는 '많은 이를 위한 한 사람'이며 '그들의 예배 인도자'다.[2] 대제사장이 행한 모든 일은 백성들의 이름으로 한 것이었다. 대제사장은 이스라엘의 지파 이름이 새겨진 가슴 판과 어깨 받이를 착용하는데, 이는 그가 백성의 이름을 감당함을 상징한다. 둘째, 대제사장은 대제사장직을 위해 씻음과 희생, 특별히 오른쪽 귀, 오른쪽 엄지 손가락, 오른쪽 발가락에 피를 묻히는 특정 제의적 행위로 자신을 정결하게 했다. 셋째, 하나님의 공정한 판결을 인정하면서 대제사장은 동물을 잡고, 희생 제물에 자신의 손을 올려 두고, 회개하면서 모든 이스라엘의 죄를 대신하여 고백하는 중요한 일을 한다. 넷째, 희생 제물이 하나님의 공정한 판결의 상징으로 불타면(그리고 희생양이 죄책을 없애는 상징으로 광야에 보내지면), 대제사장은 피가 든 잔을 가지고 지성소로 올라가고, 거기서 모든 이스라엘을 위해 대신 간구한다. 그는 하나님이 언약의 약속을 기억하시고 이스라엘을 용서해 주시기를 중보한다. 우리는 대제사장이 성소 안에서 모든 이스라엘을 위해 중보하고, 성소 밖에서는 이스라엘 백성이 간구하는 모습을 상상할 수 있다. 대제사장의 인도로 엄청나게 많은 기도가 하나님께 올려진다. 끝으로, 대제사장은 성소 밖에서 기다리는 백성에게로 돌아가 아론의 축복으로 평화를 기원한다.

여호와는 네게 복을 주시고
　너를 지키시기를 원하며
여호와는 그의 얼굴을 네게 비추사
　은혜 베푸시기를 원하며
여호와는 그 얼굴을 네게로 향하여 드사
　평강 주시기를 원하노라. (민 6:24-26)

신약성경의 저자들은 이것이 그리스도의 중보 사역을 예기한다고 보았다. 첫째, 그리스도는 성부로부터 참제사장이 되고자 오신다. 그리스도는 우리의 뼈 중의 뼈요 살 중의 살이시고, 모든 인종과 피부색을 포함하는 인류 모두와 연대하시며, 모든 열방의 이름과 필요와 슬픔과 불의를 하나님이시자 인간이신 그분의 마음(his divine-human heart)에 짊어지시는 대제사장으로 오신다. 그리스도는 깨지지 않는 성부와의 친밀한 교제 안에서 우리로서는 드릴 수 없는 예배와 복종과 사랑의 생명을 성부께 바치신다. 둘째, 그리스도는 성부의 현존으로 우리를 이끄시는 사역을 위해 자신을 정결하게 하신다. 주님은 자신의 백성을 위해 간구하시는 대제사장 기도에서 다음과 같이 말씀하신다. "또 그들을 위하여 내가 나를 거룩하게 하오니 이는 그들도 진리로 거룩함을 얻게 하려 함이니이다"(요 17:19). 주님은 많은 이를 위한 한 분(the one for the many)이시다. "거룩하게 하시는 이와 거룩하게 함을 입은 자들이 다 한 근원에서 난지라. 그러므로 형제라 부르시기를 부끄러워하지 아니하시고"(히 2:11). 예수님의 기도와 복종과 사랑의 총체적 삶, 또한 성령 안에서 교제하는 총체적 삶은 예수님이 우리를 위해 자신의 전체를 성별(consecration)하시는 행위다. 셋째, 그리스도는 동물이 아닌 자신의 죽음으로 자기를 하나님께 바치신다. 하나님의 공정한 심판을 향해 그리스도는 우리의 인간성 속에서 아멘이라고 말씀하시면서, 세상 죄를 지고 가는 하나님의 어린양이 되고자 하셨다. 그리스도는 하나님이 자비로워지실 수 있는 조건을 충족함으로써 화나신 하나님을 달래려 하신 것이 아니다. 오히려 그리스도는 죄로 가득한 세상을 향한 성부의 거룩한 사랑을 완전히 인식하면서,

자신의 피로 모든 인류를 향한 하나님 언약의 목적을 확증하신다. 넷째, 부활의 날에 그리스도는 마리아에게 말씀하셨다. "나를 붙들지 말라. 내가 아직 아버지께로 올라가지 아니하였노라. 너는 내 형제들에게 가서 이르되 내가 내 아버지 곧 너희 아버지, 내 하나님 곧 너희 하나님께로 올라간다 하라"(요 20:17). 대제사장은 자신의 백성을 위해 간구하시고자 지성소로 가는 길 위에 계신다. 다섯째, 같은 날 저녁 제자들이 다락방에서 기도하고자 모였을 때 예수님이 오셔서 그들에게 말씀하셨다. "너희에게 평강이 있을지어다"(요 20:19 이하). 이것은 성령의 선물을 주시는 대제사장의 귀환이다(히 3:1도 보라). 이로써 그리스도는 세상을 위한 그리스도의 사도적 선교, 즉 용서의 말씀을 품은 왕 같은 제사장직을 제자들과 함께 나누신다.

구약 이스라엘이 드린 속죄의 날 제사의 상징주의를 생각할 때, 성경의 '하나와 여럿'(the one and the many) 개념을 중요하게 여기며 다음과 같은 두 진술을 만들 수 있다.

- 대제사장이 모든 이스라엘을 자신의 인격 안에서 하나님께 바치러 성소 안 야웨의 거룩한 현존에 들어갈 때, 칼뱅이 히브리서 주석에서 말한 바와 같이 그의 인격 안에 모든 이스라엘이 들어갔다고 말할 수 있다.[3]
- 역으로, 대제사장이 하나님 앞에서 이스라엘의 죄를 대신하여 고백하고 그들을 위해 간구할 때 하나님은 대제사장의 인격 안에서 그들을 하나님의 용서받은 백성으로 받아 주셨다.

이러한 이중의 진술은 중보자의 손에서 하나님의 언약이 어떻게 이스라엘을 다루는지가 확립되었음을 보여 준다.

유사한 방식으로 신약성경의 빛 아래서 예수 그리스도에 관한 이중의 진술을 만들어 낼 수 있다.

- 우리를 위해 예수님은 베들레헴에서 태어나셨고, 요단강에서 성령으로 세례를 받으셨고, 본디오 빌라도에게 고난을 받으시고, 부활하시고 승천하셨다. 그분 안에서, 곧 그분이 대표하시는 대리적 인간성 안에서 우리의 인간성은 거듭났고, 성령으로 세례를 받고, 고난을 받아 죽고 다시 살아나 하늘로 올라간다. 이제 그분은 성부께 자기 안에서 우리를 하나님의 사랑스러운 자녀로 보여 주신다. 그리고 우리의 의는 마지막 날에 드러나도록 그리스도와 함께 하나님 안에 감추어져 있다.
- 역으로 많은 이를 위한 한 사람이신 예수님은 우리의 삶을 사셨고, 영원한 성령을 통해 우리의 이름으로 또한 우리를 위하여 자신을 성부께 바치셨다. 그 결과 하나님은 우리를 그리스도 안에서 받아들이셨다. 우리는 사랑받으시는 성자 안에서 "그 앞에 거룩하고 흠이 없[는]"(*sancti et immaculati*) 자로(엡 1:4) 용납된다.⁴ 우리는 그분 안에서 흠 없이, 그리고 오직 그분 안에서 받아들여진다.

이것이 우리가 "예수 그리스도의 이름으로" 기도한다는 의미다. 그리스도가 우리 이름으로 우리를 위해 하셨고 지금도 하고 계신 사역 덕분에, 우리는 성부를 **그리스도를 통해서**(*dia Christou*)뿐만 아니라 **그리스도 안에서**(*en Christō*) 예배한다. 칼뱅 또한 칭의에 관해 이야기했듯, 우리는 **그리스도의** 사역을 **통해** 믿음으로 의로워질 뿐만 아니라 **그리스도 안에서** 의로워진다.[5] 예수님은 새 언약의 중보자시다. 즉 그분 안에서 하나님은 언약적 사랑으로 인간에게 가까이 오시고, 그분 안에서 우리는 성령을 통해 하나님께 가까이 간다. 예배에서 우리는 "그리스도의 이름으로" 우리 자신을 성부께 드린다. 왜냐하면, 그리스도는 우리 이름으로 이미 하나의 참제사를 드리셨기 때문이다. 그 제사로 그리스도는 자기로 말미암아 하나님께 온 모든 사람을 영원히 거룩하게 하셨다(히 10:10, 14). 또한 그리스도가 우리 이름으로 우리를 위해 간구하시고자 영원히 살아 계시기에, 우리는 "그리스도의 이름으로" 우리 자신을 성부께 바친다. 하나님과 인류 사이의 계약은 그분의 인격 안에서 더욱 강렬해진다.

하나 그리고 여럿

'하나와 여럿'(the one and the many)에 관한 성경적 사고, 즉 모두를 포괄하는 예수 그리스도의 인간성에 관한 성경적 사고는 '하나와 여럿'에 관한 플라톤주의 (또는 힌두교) 개념과 조심스럽게 구별되어야만 한다. 소위 플라톤주의 실재론에서 '하나'는 이데아, 총체적 종개념 또는 플라톤주의 형상이다. 여기서 중요한 것은 '하나'지 다수의 개별자가 아니다. 개별자는 '하나'에 참여(*methexis*)하는 덕분에 개별자로 존재할 수 있을 뿐이다. 플라톤에게 지식은 이데아나 보편자 또는 종개념으로 구성되지, 개별자나 감각적 대상 같은 것으로는 형성되지 않는다. 개별자 혹은 감각 자료는 오늘은 여기 있다가 내일은 사라지는(헤라클레이토스) 흐름과 변화와 시간성의 세계에 속하고, 그렇기에 지식의 대상이 될 수 없다. 반면 보편자는 시간에 속하지 않고 변하지 않으며 추상적 개념(파르메니데스)이기에 지식의 대상이 된다.

예를 들어 내가 봄에 언덕 위 노란 꽃을 보고 이것이 무엇이냐고 묻고, 그 답이 프림로즈(primrose)라고 가정해 보자. 나는 그 꽃을 프림로즈종 아래에 둠으로써 그것이 무엇인지를 알 수 있다. 나의 관심사는 그것이 무엇인지에 있지, 감각의 대상으로서 구체적 사례에 있지는 않다. 그러나 '하나와 여럿'에 관한 성경적 개념, 즉 그리스도의 포괄적 인간성에 대한 생각은 완전히 다르다. 여기서는 다수의 개별자가 인격적으로 일자에 참여한다(*koinōnein*). 이것은 이상적인 인간성의 육화로서 예수에 관한 플라톤주의 개념이 아니다. 만약 그렇다면, 완전히 구체적이고 개별적인 인간으로서 예수님이 아니라 그분이 체현한 원리가 중요할 것이다. 신약성경은 예수님에 대해 철저하게 비이원론적으로 접근한다. 그분은 단지 한 사람(a man)이 아니라 특별한 한 사람(the One Man)이시다. 인류 모두를 위한 하나님의 목적이 실현되도록 하나님은 이 한 사람 안에 세상을 향해 또한 세상을 위해 자신을 인격적으로 내주셨다. 예수 그리스도의 인격에는 그리스도와 성부의 인격적 연합을 모두가 나누어 가지도록 하는 절대적인 특별함이 있다. 즉, 모두가 그리스도와 인격적으로 연합하도록 그리스도의 인격은 모든 사람 하나하나와 깊숙이 연관된다. 따라서 예수 그리스도 안에서 '하나 그리고 여럿'은 여럿을 위한 하나, 여럿을 대신하는 하나, 여럿을 자신 안에 인격적으로 대표하는 하나다. 자기가 사랑하고 이름을 알던 모든 이에게 성령으로 찾아오셔서 각 사람에게 "이것은 너를 위한 것이다, 요한. 너를 위한 것이다, 마리아. 너를 위한 것이다, 베드로"라고 말씀하시는 하나다. 플라톤주의의 '하나 그리고 여럿'이 비인격적이고 개별자에 무관심하다면, 성경적 '하나 그리고 여럿'은 철두철미하게 인격적이다.

모두를 포괄하는 대리적 인간성이라는 생각은 이레나이우스(Irenaeus)의 총괄 갱신론(recapitulation, *anakephalaiōsis*)에서 발전되었다. 이전에 순교자 유스티누스처럼 이레나이우스는 구약의 창조자 하나님과 신약의 구속자 하나님을 나누려는 마르키온의 시도를 공격했다. 그리스도로 말미암아 모든 것이 만들어졌다. 바로 그 그리스도가 우리를 위해 또한 우리 구원을 위해, 우리의 인간성을 취하신 그리스도시다. 다시 말해서 태초에 아담이 아들의 신분과 교제와 불멸을 누리도록 창조하셨던 하나님의 아들은, 모든 인간 하나하나를 향한 그분의 사랑의 목적을 버리지 않으신다. 하나님의 아들은 인류를 구속하고 인류 모두를 위한 자신의 목적(*telos*)을 실현하고자 스스로 인간이 되시다. 이는 그분이 우리를 위해 자신의 인격 안에서 사랑과 복종과 예배라는 하나님의 목적을 실현하고자 함이다. 따라서 한 사람 안에서("아담 안에서") 잃어버린 하나님과의 친교는 그리스도 안에서("마지막 아담") 우리 한 사람 한 사람을 위해 회복되고 실현된다. 그리고 우리를 위해 성령은 성찬에서 하나님과의 교제를 지속하게 하신다. 물론 이것은 로마서 5장과 에베소서 1장에서 바울이 가르치는 바다. 하나님은 "하늘에 있는 것이나 땅에 있는 것이 다 그리스도 안에서 통일되게 하려"(엡 1:10) 하시는 거대한 목적이 있으시다.

총괄 갱신은 그리스도의 포괄적이고 대리적인 인간성 안에서 또한 그분의 인간성을 통해서 하나님의 목적이 충만히 실현됨을 뜻한다. 이 개념은 아폴리나리우스주의(Apollinarianism)◆에 대한 반응으로 아타나시우스, 알렉산드리아의 키릴로스, 카파도키아 교부들이 제시했던 "취하지 않은 것은 구속받을 수 없다"(the unassumed is the unredeemed)라는 진술로 더욱 풍성히 표현되었다.[6] 아타나시우스와 같은 그리스 교부들은 그리스도가 "우리 인간성의 위대한 의사"라는 말이 무슨 의미인지에 관해 질문했다. 그리스도는 일반 의사처럼 우리를 마주하고 우리 질병을 진단해서 먹어야 할 약을 처방하고 자신의 지시 사항을 따르면서 상태가 좋아지게 내버려 두는 방식으로 우리를 치유하지 않으신다. 그리스도는 그분 자신이 환자가 되신다! 그분은 구속이 필요한 우리의 인간성을 취하신다. 그분은 우리를 위해 우리 인간성 안에서 성령을 부음 받으시고, 완전한 순종의 삶을 사시고, 죽은 후 다시 살아나셨다. 이로써 우리의 인간성이 그분 안에서, 즉 그분의 인격 안에서 치유된다. 우리가 그리스도를 통해 치유받는 것은 그리스도의 사역 때문만이 아니다. 우리는 그리스도 안에서 또한 그리스도를 통해서 치유받는다. 그리스도의 인격과 사역이 분리되어서는 안 된다. 이것이 앞서 언급한 교부들과 19세기 초 스코틀랜드 신학자인 에드워드 어빙(Edward Irving)과 우리 시대의 칼 바르트가

◆ 아폴리나리우스주의는 4세기 아폴리나리우스(Apollinarius)가 주장했던 것처럼 예수 그리스도가 완전한 인간이 아니었고, 죄로 오염된 자유 의지의 자리인 영혼이 신적 로고스로 대치된 부분적 인간이었다고 주장하는 그리스도론적 이단이다.

그리스도는 "타락한 인간성"(즉, 우리의 인간성)을 취했다고 말했던 이유다.⁎ 이는 성령 안에서 죄 없이 사셨던 그리스도 안에서 또한 우리 안에서, 그리스도를 통하여 우리의 인간성이 하나님께로 돌아서게 하기 위함이다.

하나님으로부터 인간을 향한 관계(운동)와 우리로부터 하나님을 향한 관계(운동) 모두가 예수 그리스도 안에서 우리에게 값없이 주어졌다. 예배의 실존주의적 모델에서 우리는 하나님으로부터 인간을 향한 은총의 운동이 그리스도 안에서 우리에게 주어졌음을 보았다. 그 덕분에 우리는 신앙, 결단, 회개와 순종으로 응답하도록 부름을 받았다(36쪽 표 2를 보라). 그러나 이 모델의 약점은 인간 편에서 하나님으로 가는 유일한 운동마저 우리의 것이라는 데 있다. 다시 말해서 이것은 그리스도의 대리적 인간성을 충분히 고려하지 않았기에, 은총의 의미도 제대로 다룰수 없다. 은총은 예수 그리스도의 오심 속에서 하나님이 자신을 인류에게 거룩한 사랑으로 내주신 것만을 의미하지 않는다. 은총의 다른 측면은 인간으로서 우리가 우리를 위해 할 수 없는 일을 하나님이 우리를 위해 하시고자 인간으로 오셨음을 의미한다. 이는 우리가

⁎ 에드워드 어빙(1792-1834)은 스코틀랜드의 성직자였다. 그의 집회에는 여러 기적과 방언 현상이 일어났다. 그는 개신교의 핵심 교리인 만인사제설(만신자사제설) 대신 교회에서 은사와 능력에 따라 직제를 엄격히 구분해야 한다고 주장하는 등 교리적으로도 여러 논란을 일으켰다. 스코틀랜드 국교회에서 면직된 후 어빙의 영향력은 여러 방면으로 이어져 교회사적으로 그는 보편사도교회(Catholic Apostolic Church)와 오순절 운동의 선구자로 평가받기도 한다.

그리스도 안에서 영원한 성령을 통해 성부께 드려진다는 의미다. 즉, 인간으로부터 하나님으로 향하는 운동은 값없이 그리고 조건 없이 주어지고, 우리는 (예배와 교제에서) 거기에 참여한다. 우리의 신앙과 순종의 응답은 성부의 거룩한 사랑에 대해 그리스도가 우리를 위해 이미 하신 응답이다. 동시에 그것은 우리가 그리스도와 연합하도록 부름을 받는다는 의미에서 우리의 응답이기도 하다. 내가 보기에 이것은 알렉산드리아의 키릴로스와 같은 그리스 교부들의 위대한 통찰이자, 칼뱅이 『기독교 강요』에서 정성 들여 설명했던 바이기도 하다. 칼뱅은 은총을 쌍둥이 교리로 자세히 설명했다. 즉, 우리를 위한 그리스도의 순종 덕분에 "우리 구원의 모든 부분은 이미 그리스도 안에서 성취되었다." 그리고 우리의 머리이신 그리스도 안에 이미 있는 우리의 존재를 우리 자신 안에서 실현하고자 우리는 "그리스도와 연합"하는 삶으로 부름을 받았다.[7]

칼뱅이 『기독교 강요』 3권에서 중세의 고해 성사를 비판하면서 나눴던 "율법적 회개"(legal repentance)와 "복음적 회개"(evangelical repentance)만큼 예배를 이해하는 데 있어 요긴한 신학적 구분법을 찾기는 힘들다.[8] 율법적 회개는 말한다. "회개하라. 회개한다면, 너는 용서받을 것이다." 이것은 마치 우리의 아버지 하나님이 자비를 베푸실 조건을 상정하는 듯 보인다. 율법적 회개는 은총에 앞서는 순종의 의무를 만들어 놓고는 하나님의 사랑과 용서와 용납을 우리가 하는 일, 즉 회개라는 우리의 공로 행위에 좌우되게 한다. 칼뱅은 이것이 은총의 복음적 순서를 뒤집는 일이라 보았다. 또 그는 신약에서 논리적으로 용서가 회개보다 선행하지만, 율법적 회개는 회개를 용서보다 선행하는 것으로 만든다고 주장했다. 이와 달리 복음적 회개는 다음의 형태를 취한다. "그리스도는 십자가에서 우리의 죄를 지셨다. 그러므로 회개하라! 그분의 용서를 회개로 받으라." 말하자면 회개란 은총에 대한 우리의 반응이지, 은총의 조건이 아니다. 하나님의 선은 우리를 회개로 이끈다. 복음의 좋은 소식이란 "두려워할 만한 분이신 하나님에게 용서가 있다"는 사실과 그분은 십자가에 달리신 그리스도 안에서 이미 용서의 말씀을 하셨다는 사실이다. 그 말씀은 우리에게서 조건 없는 믿음과 회개의 반응을 불러일으킨다.

논리적으로 용서가 회개에 앞선다는 칼뱅의 말은 무슨 의미일까? 인격적 관계가 근본적으로 중요하다는 점이 그 핵심이다. 예를 들어, 안타깝게도 두 사람이 다퉜는데, 한사람이 다른 사람에게 와서 매우 정중하게 "나는 너를 용서한다!"라고 말했다고 해 보자. 이것은 단지 사랑과 화해의 말이 아니라, 정죄의 말(아마도 기를 죽이려는 의도를 품은 정죄의 말)이기도 하다. 왜냐하면 용서한다고 선언함으로써 그는 분명히 상대가 잘못했음을 암시하기 때문이다! 자기의 의로움에 사로잡히지 않은 경우라도 "나는 너를 용서한다!"라는 말은 누군가에게 큰 상처를 줄 수 있다. 이 말을 들은 사람이 어떻게 반응할 것 같은가? 내가 상상하기에 그는 즉각 화를 낼 것 같다. 말속에 자신을 판단하고 정죄하는 요소가 있다고 느끼면 그는 용서를 거부할지도 모른다. 왜냐하면 그는 용서에 내포된 유죄 판결을 거부하기 때문이다. 그는 뉘우치지 않을지도 모른다. 마음을 바꾸지 않을 수도 있다. 하지만 그가 친구에게 돌아가서 다음같이 말한다고 생각해 보자. "네가 옳았어! 내가 틀렸어!" 사랑과 용서를 받아들인다는 것은 그가 유죄 판결도 받아들이겠다는 의미를 내포한다. 거기에는 진정한 마음의 변화가 있을 것이며, 자신의 잘못에 대한 회개(metanoia), 회심, 화해의 행위가 있을 것이다.

이 일은 성육신의 복음과 함께 일어난다. 그리스도 안에서 하나님은 우리에게 용서와 사랑의 말씀을 하셨다. 하나님의 용서와 사랑의 말씀은 심판과 정죄의 말씀임과 동시에, 십자가의 말씀이기도 하다. 그러나 성부의 사랑의 말씀인 은총과 용서의 말씀을 우리가 받아들이는 것은, 우리 편에서는 유죄 선언에 겸손히 복종해야 한다는 사실도 의미한다. 우리의 죄를 위해 그리스도가 죽으셨다. 이것이 은총에 관한 종교개혁적 견해, 즉 '복음적 회개'를 이해하는 핵심이다. 그러나 누가 이 사랑에 대하여 완벽한 반응, 완벽한 참회의 행위, 유죄 판결에 완벽한 복종을 할 수 있겠는가? 하나님은 우리가 할 수 없는 일을 우리를 위해 예수 그리스도 안에서 행하셨다. 예수 그리스도는 우리의 인간성 안에서, 우리의 이름으로, 우리를 위해, 성부께 완벽히 복종하시고자 우리를 대신하셨다. 이것이 하나님의 은총의 놀라움이다! 하나님은 우리에게 단지 용서의 말씀을 하실 뿐 아니라, 우리를 대신하여 완벽하게 참회하실 분을 예수 그리스도 안에서 주셨다. 하나님은 우리의 회개 때문에 우리를 받아들이지 않으셨다. 우리는 그분이 받으실 만한 합당한 참회를 할 수 없다. 하나님은 우리를 위해 이미 아멘이라 말씀하신 분의 인격 안에서, 우리 죄에 대한 하나님의 정죄로서의 죽음 안에서, 속죄 안에서 우리를 용납하셨다.[9]

여기서 우리는 다시 제사장직에 관한 성경적 이해의 중요성, 특별히 예배의 중보자로서 그리스도의 제사장직의 중요성을 깨닫는다.

그리스도는 인간에게 하나님을 대표하고, 동시에 하나님께 인간을 대표하는 사역을 하신다. 이러한 이중적 사역은 하나님의 은총의 말씀과 세계를 향한 용서를 가져오신다. 왜냐하면 그리스도는 십자가에서 자신이 아니라 우리를 위해 유죄 판결을 받아들이시며, 우리 죄에 대한 하나님의 심판에 우리를 대신하여 단번에 복종하셨기 때문이다. 이것은 구약의 예전에서 이미 예기되었다. 속죄의 날에 대제사장은 야웨를 대변하면서, 하나님의 은총과 용납의 말씀을 이스라엘에 전달했다. 그리고 대제사장은 야웨께 이스라엘을 대변했다. 모든 이스라엘을 위해 대제사장은 희생 제물을 바치고 화목 제물 위에 피를 뿌리면서 하나님의 심판을 증언함으로써 그들의 죄를 고백했다. 마찬가지로 예수 그리스도 안에서 성육신한 말씀이 성부의 은총과 용서를 우리의 타락한 세계로 가져오신다. 그리고 우리의 타락한 인간성 안에 계신 분이 우리를 위해 저주받으심으로써 우리의 죄에 대한 성부의 정죄를 대신 흡수하신다. 따라서 우리의 응답과 예배에서, 우리는 믿음으로 값없이 주어진 용서의 말씀을 받아들일 뿐만 아니라, 십자가 앞에서 유죄 판결에 겸손히 굴복함으로써(이것이 회개다) 용서의 말씀을 회개로 받아들인다. 동시에 우리는 하나님의 은총으로 오래전에 그리스도 안에서 우리를 위해 그 판결을 이미 받아들이신 한 존재가 있음을 알고 있다. 그러므로 우리의 회개는 은총의 반응이지, 은총의 조건이 아니다. 회개는 그리스도의 대리적 참회, 즉 제사장의 대리적 자기희생에 참여하게 하는 성령의 선물이다. 이것은 십자가에 대한 우리의 아멘이다. 성부 앞에서 우리 자리에 서신 예수 그리스도가 말씀하신 아멘에 대한 우리의 반응이다. 이것이

"복음적 회개"다. 이것이 회심의 의미다.

오늘날 로마 가톨릭교회가 참회의 성사(sacrament of penance)보다는 화해의 성사(sacrament of reconciliation)에 대해 말하기를 선호한다는 점이 중요하다. 이는 회개가 하나님이 은혜를 베푸실 조건이 되는 공로 행위(율법적 회개)가 아님을 인정하는 것 아닌가? 이는 회개란 겸손한 신앙과 참회의 행위 안에서 은총과 화해의 말씀을 우리가 받는 것, 다시 말해서 칼뱅이 "복음적 회개"라 부른 일임을 인정하는 것이 아닌가? 하나님의 은총은 조건이 없고 값없지만, 믿음과 참회 또한 사랑과 복종 안에서 아무 조건 없이 은총을 받아들이도록 우리를 불러낸다.

예수 그리스도가 우리 예배의 인도자이시고, 우리 죄를 용서하고 우리를 성부의 거룩한 현존으로 이끄는 대제사장이시라는 사실은 히브리서의 핵심 주제다. 이 서신은 한때 믿음으로 예수 그리스도를 바라보았고 그분을 따랐다가, 인간의 제도와 관행에 대해 잘못된 율법주의적 자기 확신에 빠져서 그리스도에게서 눈을 돌리고 자신들의 이전 종교 관행으로 돌아가 버린 그리스도인들을 위해 쓰였다. 과거 그들을 그리스도께 이끌었고, 그들이 모범으로 삼고 따랐던 그리스도인들이 지금은 세상을 떠났다(13:7). 지도자와 교사가 되는 대신(5:12), 그들은 그리스도에게서 떨어져 나와 은총에 대한 비전을 잃었고 이제 신앙의 기본 원리를 다시 배워야만 했다(5:12-14). 광야의 이스라엘 백성처럼 불신앙 때문에 그들은 약속된 땅의 "안식"으로 들어갈 수 없었다. 그들은 배교로 빠져들어 갈 위험에 처해 있었다. 따라서 히브리서 기자는 그들에게 예수 그리스도에 대한 신선한 비전을 주고자 했다. 우리는 대제사장이신 그분을 통해서만 용서받을 수 있고 하나님의 거룩한 현존에 다가갈 수 있다. 히브리서 기자는 그들에게 불신앙으로 흘러가거나 자신들을 정화하고자 이전의 종교 관행에 의지하지 말고, 오직 그리스도만을 생각하고 믿음을 굳게 잡으라고 권면한다. 그들은 분명 박해와 비난으로 고통받았고, 불신앙의 유혹에 굴복함으로써 그리스도에게서 떨어져 나갔다. 히브리서 기자는 바로 그리스도 그분이 고통당하셨고(12:2) 유혹받으셨음을 그들에게 일깨워 준다. 그러므로 그분은 그들과 공감하실 수 있고, 시련과 궁핍의 시기에 그들을 인도하실 수 있으셨다(4:14-16; 5:1-5). "인내로써 우리 앞에 당한 경주를 하며 믿음의 주요 또 온전하게 하시는 이인 예수를 바라보자. 그는 그 앞에 있는 기쁨을 위하여 십자가를 참으사 부끄러움을 개의치 아니하시더니 하나님 보좌 우편에 앉으셨느니라. 너희가 피곤하여 낙심하지 않기 위하여 죄인들이 이같이 자기에게 거역한 일을 참으신 이를 생각하라"(히 12:1-4).♦

배교한 그리스도인들에게 그리스도에게로 돌아오라고 외치는 히브리서는, 예배에서 예수 그리스도의 위치를 하나님의 백성이 돌아와야 할 옛 레위기 의식과 대조함으로써 분명하게 설명한다. 사도 바울은 로마서에서 하나님을 사랑하고 이웃을 사랑하라는 (도덕) 율법의 '의로운 규례'(*dikaiōmata*)에 대해 이야기한다. 이것은 우리를 위해 오직 그리스도에 의해 실현되었고, 지금 우리 안에서 성령 안의 생명

♦ 원서 본문에는 히브리서 12:1-4로 표기되었으나, 실제 인용된 구절은 1절 후반부에서 3절까지다.

으로 실현된다(롬 8:1-4). 이와 유사하게 히브리서 기자는 "섬기는 예법"(dikaiōmata latreias, 히 9:1)을 이야기한다. 이것은 예수 그리스도를 통해서만 우리가 하나님께 가까이 갈 수 있도록, 우리를 위해 우리의 대제사장이신 예수 그리스도에 의해 실현된다. 우리를 위해 자기 자신을 영원한 성령을 통해 하나님께 바치신 그분만이 우리의 죄를 씻으실 수 있다. 사도 바울은 성령 안의 생명을 육신(sarx) 안의 거짓된 확신과 대조한다. 히브리인들에게 편지를 보내는 이는 다른 형태의 예배, 즉 인간 예물과 제사, 음식, 음료 등으로 이루어진 외적 예전에 관해 이야기한다. 하지만 이것들은 "육체의 예법"(dikaiōmata sarkos)으로서(히 9:10) 양심을 깨끗하게 할 수 없다. 달리 말하면 바울이 은총의 길인 성령 안의 삶을 육신 안의 거짓된 자기 확신과 대조함으로써 믿음으로 의롭게 됨을 설명했듯, 히브리서는 예배의 두 형태를 대조한다. 참예배란 성부의 거룩한 임재인 "지성소"로 우리를 인도하실 수 있는 그리스도만의 자기 제사에 기초하고 참여하는 것이다. 거짓 예배는 우리 자신의 방법이나 예배를 따름으로써 우리가 하는 일에 잘못 의지하는 것이다. 다르게 표현해서 우리가 예수 그리스도로부터 눈을 떼고 하나님이 그리스도 안에서 우리를 위해 제공하신 예배와 제사에서 시선을 돌린다면, 우리는 우리 자신의 '종교'에 빠져든다. 하나님이 그리스도 안에서 우리를 위해 주신 것이야말로 오직 하나님께 용납될 만하다.

내가 보기에 이것은 이 책의 초반부에서 구분한 예배의 두 형태와도 관련이 있다. 유니테리언 견해에 따르면, 예배란 종교적 인간인 우리가 하나님을 기쁘게 해 드리고자 노력하는 것이다. 삼위일체적 견해는 예배를 성육신한 성자와 성부의 교제에 성령을 통해 참여하게 하는 은총의 선물이자, 기쁨과 평화와 확신의 길로 이해한다. 유일한 예배의 중보자이신 예수 그리스도에게서 눈을 돌려 버린 교회는 배교의 길 위에 선다. 은총의 삼위일체적 본성을 되찾는 일보다 오늘날 더 시급한 일은 없다. 성령 안에서 예수 그리스도의 선물을 통해, 즉 오직 은총으로만 우리는 우리의 아버지이신 하나님과 교제하는 삶으로 들어가며, 그 삶을 살 수 있다. 우리는 왜 장 칼뱅이 자신의 예배와 성찬과 교회론을 설명하면서 히브리서, 특별히 예수 그리스도의 최종적이지만 지금도 계속되는 제사장직에 관한 교리를 그토록 많이 언급했는지 이해할 수 있다. 그리스도가 하나님과 인류 사이의 유일한 중보자라는, 즉 은총이라는 관점에서 예배와 교회를 해석하는 것은 개혁파 전통과 기도에 관한 우리의 이해의 근본이다 (딤전 2:1-6).

구약과 신약 모두에서 얻을 수 있는 성경적 이해를 따르면, 예배는 은총의 예법이다. 구약의 예배는 율법주의적이고, 신약의 예배만이 은총의 길이라고 해석하는 것은 잘못이다. 우리가 살펴보았듯, 예배에는 하나님으로부터 인간에게로 그리고 인간으로부터 하나님에게 향하는 이중의 움직임이 항상 있다. 그리고 이 두 방향의 운동 모두를 은총의 선물, 곧 우리를 위해 사랑으로 교제하는 길을 제공하신 은총의 하나님이 주신 선물로 이해해야만 한다. 구약의 이스라엘에서 하나님을 이스라엘에게 대표하고 이스라엘을 하나님에게 대표했던 제사장은 이중으로 기능했다. 우선 제사장은 하나님의 은총의 말씀을 이스라엘에 전달했다. 이것은 약속과 의무를 수반하는 언약의 말씀이었다. "너희는 내 백성이 되겠고 나는 너희의 하나님이 되리라." 둘째로 제사장은 예배에서 백성을 인도했다. 특히 은총에 대한 백성의 응답을 이끌었다. 이스라엘의 예배 의식은 하나님이 주신 은총의 예법이었고, 이는 은총에 대한 증언이었다.[10] 양과 소와 염소를 희생하는 제사는 이교도의 바알 숭배처럼 신의 환심을 사서 화난 신을 달래는 방법이 아니었다. 이스라엘 예법은 하나님이 주신 은총에 대한 언약적 증언, 즉 이스라엘의 죄를 없앨 수 있는 유일한 존재이신 하나님이 자비로우시다는 사실에 대한 증언이었다. 하나님은 언제나 화목제(propitiation)의 주체시지 그 대상이 아니다.◆ 하나님은 이스라엘에게 자신의 거룩한 사랑을 증언하는 예배 형태를 주셨다. 그리고 예배에서 이스라엘은 하나님이 은혜로우시고 좋으신 분임을 공개적으로 인정했다. 그러나 제사장들은 하나님의 은총의 말씀의 전달자라는 자신들의 중요한 역할을 다하는 데 너무 자주 실패했다. 제사장들이 자기 역할에서 이탈할 때 예배는 더는 은총에 대한 반응이 아닌, 가나안의 바알 신앙처럼 하나님을 조종하고 하나님의 비위를 맞추려는 율법주의적 제사의 한 형태로 전락했다. 이런 일이 일어날 때면 하나님은 예언자를 일으키셨다. 그런데 많은 경우 예언자는 제사장 가문에서 나왔다. 예언자가 세워진 것은 하나님의 은총의 말씀, 즉 언약과 그 엄중한 의무에 관한 말씀을 이스라엘 백성에게 전

◆ 속죄론에 자주 등장하는 단어 propitiation을 어떻게 번역할지를 놓고 여러 입장이 공존한다. 유화, 속죄, 화목제 등이 번역어로 제시되지만, 이 책에서는 우리말 성경에도 사용되는 단어인 '화목제' 혹은 '화목 제물'을 사용했다(롬 3:24-25; 요일 2:2 참고).

달하기 위해서였다. 그들은 제사장들의 잘못된 관행과 왕국의 불의를 함께 폭로했다. 이들 모두가 은총의 하나님에게서 등을 돌렸고, 하나님은 아브라함과 맺으시고 시내산에서 재차 확인하신 언약에서 돌아서셨다. 예언자들은 예배 의식에 스며든 이교도주의를 비판했고, 제사 그 자체의 효력을 믿는 신앙의 율법주의를 폭로했다. 그렇기에 하나님은 아모스를 통해 백성에게 말씀하셨다.

> 내가 너희 절기들을 미워하여 멸시하며
>   너희 성회들을 기뻐하지 아니하나니
> 너희가 내게 번제나 소제를 드릴지라도
>   내가 받지 아니할 것이요
> 너희의 살진 희생의 화목제도
>   내가 돌아보지 아니하리라.
> 네 노랫소리를 내 앞에서 그칠지어다.
>   네 비파 소리도 내가 듣지 아니하리라.
> 오직 정의를 물같이,
>   공의를 마르지 않는 강같이 흐르게 할지어다. (암 5:21-24)

다시 말해, 예배를 은총의 예법이자 은총에 대한 순종의 응답으로 보지 않는 곳에서 예배는 거짓이 된다. 그 예배는 하나님께 가증스러운 것이 되며, 그분은 "치워 버려라!"라고 말씀하신다.

이것은 성전과 그곳의 예배에도 똑같이 적용된다. 성전이 더는 하나님의 언약적 목적에 대한 신실한 증언이 되지 못할 때 그리고 제사장들이 참예배를 드리는 데 실패할 때, 에스겔이 본 새로운 성전의 환상처럼 때가 찼을 때 하나님은 세상에 참예배를 세우시고자 성전이 파괴되도록 허락하셨다.

이스라엘 백성도 성전과 마찬가지다. 이스라엘이 열방 중에 선택된 목적은 "왕 같은 제사장", 하나님의 은총을 따라 사는 언약 백성, 야웨의 종, "이방의 빛", 하나님께 전적으로 충성된 삶(출 19:4-8)을 사는 하나님 앞에서 의로운 백성이 되는 것이었다. 그러나 이스라엘이 예배를 그들 주위의 이방 민족과 같은 방식으로 바꾸어 버렸을 때, 하나님은 이스라엘이 포로로 끌려가도록 내버려 두셨다. 이는 하나님이 포로 생활에서 돌아온 신실한 남은 자들과 함께 새롭게 시작하시기 위해서였다. 그 결과 고난받는 종의 비전이 일어났다. 그를 통해 주님은 자기 은총의 목적을 실현하고자 하셨고, 백성의 죄를 없애고 그들을 의로움으로 갱신하고자 하셨다. 은총의 하나님께 참예배를 드릴 신실한 백성을 빚으시려 하나님은 이스라엘의 역사에서 심판과 자비로 활동하셨다.

같은 패턴이 모세와 아론, 황금 송아지로 극적이고 생생하게 반복된다. 모세는 산에 올라가 거룩한 하나님의 현존으로 들어갔다. 가장 거룩한 곳(the Holy of the Holies)에서 모세는 하나님과 친밀한 교제를 나누었다. 그리고 모세는 이스라엘을 신실하게 순종하는 삶으로 부르고자 언약의 말씀을 가지고 그들에게 돌아왔다. 그러나 무엇이 일어났는가? "백성이 모세가 산에서 내려옴이 더딤을 보고 모여 백성이 아론에게 이르러 말하되, 일어나라 우리를 위하여 우리를 인도할 신을 만들라. 이 모세 곧 우리를 애굽 땅에서 인도하여 낸 사람은 어찌 되었는지 알지 못함이니라"(출 32:1). 아론은 백성의 말에 귀 기울였고 그들은 자신들의 자연 종교 방식의 예배를 확실히 하고자 황금 송아지를 만들었다. 이는 자기들의 의지를 드러내고, 살아 계신 하나님에게서 도피하려는 욕망을 표현하는 풍요 신 숭배(fertility cult)였다. 그들의 예배는 은총의 예법도 되지 못했고, 언약의 방식으로 응답하지도 못했다. 그 대신 그 예배는 반항적이고 우상 숭배적인 자기표현과 자기주장을 드러내는 형식이 되었다. 그 결과 그들은 하나님의 심판에 자신들을 내놓았다. 미리암은 나병에 걸렸고, 하나님의 영광은 거룩한 땅에서 떠났으며, 가슴이 찢긴 모세는 신실하지 않은 백성을 위해 간구했다. 백성은 죽을 때까지 광야에 남아야 했고, 오직 소수의 신실한 사람들만 약속의 땅에 들어갔다. 이 이야기는 히브리서 3:12 이하에서 경고로 사용되고 있다.

교회는 은총과 그리스도 안에서 새 언약의 말씀을 전달하는 역할을 담당한다. 하지만 기독교 역사에서 중세 로마 가톨릭교회가 은총의 사역자로서 자신의 기능을 자주 소홀히 했을 때마다 예배의 성격이 변했다는 사실을 주목할 필요가 있다. 공로와 참회, 효력 있는 미사 개념과 더불어 교회는 율법화된 예전을 가진 '공로의 보고'(thesaurus meritorum)로 이해되었다. 중세 로마 가톨릭은 교회가 '천국 열쇠의 능력'을 지녔다고 수상했다. 이에 대응하는 예언자적 운동으로 종교개혁이 일어났다. 루터를 포함한 종교개혁자 중 다수는 사제였고, 교회를 은총 안에 있는 원래의 기초로 되돌리고자 했다. 성례를 은총의 언약의 기호(sign)이자 인치심(seal)으로 보았던 그들은 성찬에서처럼 교회 예배를 은총의 예법으로 재해석하려 했다.

이스라엘과 제사장들은 은총을 올바로 다루지 못하면서 예배에 신실하지 못했다. 이런 실패에서 주님의 신실한 종에 관한 메시아적 희망이 일어났고, 이는 예수 그리스도 안에서 실현되었다. 한편으로 예수 그리스도는 믿음 없는 세상을 향한 하나님의 은총의 말씀이요, 그 안에서 하나님은 용서를 가져오는 새 언약을 세우셨다(렘 31:31 이하). 반면 우리의 인간성 안에서 예수 그리스도의 온전한 대리적 삶은 그분을 선택하신 성부의 목적에 대한 신실한 순종의 반응이다. 그분은 주님의 고난받는 종의 역할을 이루셨고 세상 죄를 지고 가는 하나님의 어린 양이셨다. 이로써 그분을 통해 이방의 빛이 되는 이스라엘의 운명을 실현할 수 있었다. 여기에 단 한 분의 진정한 제사장이자 예배자가 계신다. 그분, 성소를 섬기는 이(*leitourgos*) 안에서만 '섬기는 예법'(*dikaiōmata latreias*)이 완전히 실현된다. 그분을 통해서만 우리가 하나님께 가까이 갈 수 있다. 따라서 예배란 그리스도 안에서 우리에게 하나님이 주시는 은총의 선물이다. 이것이 (세례와 성찬 등을 포함한) 우리의 모든 예배를 은총의 예법으로 보아야만 하는 이유다.

예수회 전례학자 융만(J. Jungmann)⁕의 대작 『전례 기도에서 그리스도의 위치』(*The Place of Christ in Liturgical Prayer*)는 신약과 초기 교회 전례에서 그리스도가 이중적 역할을 담당했음을 보여 주었다.[11] 한편으로 기도는 하나님이신 예수 그리스도에게 드려진다. 우리는 성부

⁕ 요제프 안드레아스 융만(1889-1975)은 오스트리아 출신의 예수회 사제이자 전례학자다. 그는 전례 운동의 대표적 주창자였고, 로마 가톨릭 전례의 역사에 관한 중요한 학문적 업적을 남겼다. 고대 교회와 같이 교리와 전례의 조화를 추구하던 그의 입장은 2차 바티칸 공의회의 전례 개혁과 그 이후 가톨릭 전례에 지속적으로 영향을 끼쳤다.

와 성자와 성령께 기도한다. 다른 한편으로 예수 그리스도는 인간이 성부께 기도하듯 우리의 위대한 대제사장으로서 우리를 위해 간구하시고, 우리의 찬양과 기도를 인도하신다. 아리우스주의와 니케아 신앙의 논쟁 시기에 아리우스는 예수님이 하나님께 기도했던 인간이기에 신일 수 없다는 주장을 그리스도의 신성을 반대하는 주된 이유로 삼았다. 복음서는 예수님이 세례 때, 산 중턱에서, 최후의 만찬에서, 겟세마네에서, 십자가에서 기도하셨다고 이야기한다. 예수님이 신이면서 동시에 신에게 기도하는 인간일 수 없다! 이러한 주장에 아타나시우스는 대답했다. "아리우스, 당신은 은총의 의미를 이해하지 못하는군요!"

우리의 기도가 향하는 분이며 우리와 교제하시는 하나님은, 우리가 기도하기를 원하시기도 하지만 우리가 노력해도 기도하지 못한다는 사실도 아신다. 따라서 하나님은 예수 그리스도 안에서 인간으로 우리에게 오셔서 우리를 대신하시고 우리를 위해 기도하시며 우리에게 기도를 가르쳐 주시고 우리의 기도를 인도하신다. 하나님은 우리에게 예수 그리스도와 성령을 주시면서 그분이 우리 안에서 찾으시는 바, 즉 기도의 삶을 은총 안에서 우리에게 주신다. 그리스도는 참하나님, 특별히 우리가 기도하는 대상인 참하나님이시다. 그리고 그리스도는 우리를 위해 기도하시고 우리와 함께 기도하시는 참사람이시다. 예배에서 예수 그리스도의 위치를 연구했던 니케아 교부들은 그 시대 논쟁에서 승리했고, 그래서 우리가 니게아 신경을 가지게 되었다. 그러나 융만이 지적하듯, 아리우스주의에 대한 공포뿐 아니라 기도하시는 예수님의 인간성을 그리스도의 신성과 대조하던 아리우스주의의 주장도 함께 교회를 이끌었다. 그러면서 그리스도의 신성은 강하게 주장되었고 그리스도의 제사장직은 폄하되었다. 그 결과는 무엇인가? 교회, 즉 '에클레시아'(ecclesia)가 인류를 위한 대제사장의 대리적 역할을 떠맡았다. 그리스도의 신성과 그분의 왕과 예언자의 역할을 강하게 주장하면서 교회는 은총의 중보자 역할을 취했고, 마리아와 성인의 대리적 역할도 더해졌다. 따라서 장 칼뱅과 같은 종교개혁자들이 강하게 주장했던 바를 이해할 수 있다. 칼뱅은 우리 예배의 대상이시자 우리 예배의 인도자가 되시는 유일한 제사장이신 그리스도에게 교회가 돌아가야 한다고 주창했다. 그는 교회를 그리스도의 제사장직을 은총으로 나누어 주는 왕 같은 제사장직으로 재해석했다. 오직 이런 방식으로만 우리는 기독교 예배를 은총의 예법으로, 그리스도를 유일한 중보자로 이해한다. 우리는 우리의 아버지 하나님께 그리스도 안에서 또한 그리스도를 통하여 다가간다. 오직 예수 그리스도를 통하여 다가간다.

무엇보다도 우리는 예수 그리스도 안에서 은총의 이중적 의미를 본다. 은총은 하나님이 우리에게 자신을 하나님으로서 값없이 그리고 조건 없이 주시는 것을 의미한다. 은총은 예배와 찬양을 받고자 하나님이 자신을 우리에게 주시는 것이다. 은총은 또한 하나님이 우리로서는 할 수 없는 일을 우리를 위해 또한 우리 안에서 하시고자, 예수 그리스도 안에서 사람으로 우리에게 오신 것을 의미한다. 그리스도는 성부께 완전한 순종과 예배와 기도의 삶을 드린다. 이는 우리가 '우리 주 예수 그리스도를 통하여' 성령으로 성부와의 교제로 이끌려 갈 수 있게 하기 위함이다.

하나님의 두 손. 내 오랜 동료였던 롤런드 월스(Roland Walls)는 에든버러에서 몇 마일 떨어진 로슬린 빌리지(Roslin village)의 변화 공동체(Community of the Transfiguration)에서 살았다.◆ 어느 날 나는 그의 정원에 전에 보지 못한 조각상이 있음을 깨달았다. 그는 그 조각상에 관해 설명해 주었다. 배타적 형제단(Exclusive Brethren)에서 자란 한 젊은 조각가가 어느 날 형제들에게 자신이 동성애자임을 고백했다.◆◆ 그러자 그들은 그 청년에게 형제단에서 떠나 달라고 했다. 낙심한 그는 로슬린 공동체에 이르렀고, 채플에서 무릎을 꿇고 기도하다 롤런드를 만났다. 젊은이는 자신의 이야기를 쏟아 냈고 마음의 짐을 덜었다. 대화의 끝 무렵에 롤런드는 팔을 둘러 그를 안아 주었다! 포옹은 그 젊은이에게 모든 것을 상징했다. 그는 자신이 사랑받고, 용납받고, 용서받았음을 알았다. 그는 돌아갔고 사암을 구해서 두 아담의

◆ 롤런드 월스(1917-2011)는 아일오브와이트(Isle of Wight) 동쪽에 위치한 뱀브리지(Bembridge)에서 태어났다. 노동자 계층의 넉넉지 않은 환경에서 자랐지만 뛰어난 지적 능력을 보이며 케임브리지 대학교에 진학했다. 대학 졸업 후 신약학계에서 두각을 드러낸 그는 에든버러로 이주해 스코틀랜드 성공회에서 활동하며 스코틀랜드 국교회 목회 후보생을 가르쳤다. 하지만 그는 1981년에 로마 가톨릭교인이 되었고, 1983년에 사제 서품을 받았다. 1965년에 그는 가난과 기도의 삶을 강조하는 변화 공동체(Community of the Transfiguration)를 설립했다. 그의 생애와 공동체는 존 밀러(John Miller)의 『단순한 삶』(A Simple Life)을 통해 널리 알려졌다.
◆◆ '배타적 형제단'(혹은 '폐쇄적 형제단')은 세계와 철저한 단절을 강조하는 근본주의 성향의 복음주의 운동인 '플리머스 형제단'(Plymouth Brethren)에서 파생했다. 플리머스 형제단이 시간이 지남에 따라 성장하며 내부 갈등이 생기자, 리더였던 존 넬슨 다비(John Nelson Darby)가 1848년 런던에서 배타적 형제단을 시작했고 현재는 19개국에 퍼져 있다. 플리머스 형제단에서 배타적 형제단과 갈라진 운동을 '열린 형제단'(Open Brethren 혹은 '개방적 형제단')이라고 부른다.

형태를 조각했다. 두 아담은 무릎을 꿇고 서로를 포옹하고 있다. 그리스도는 그의 머리를 타락한 아담의 오른 어깨 위에 두고 있고, 타락한 아담은 그의 머리를 두 번째 아담이신 그리스도의 어깨 위에 두고 있다. 두 명의 아담을 구분하는 유일한 방법은 그리스도의 손에 있는 못 자국이다. 조각가는 타락한 아담 안에서 자기 자신을 보았다. 그는 그 상징적 포옹에서 두 번째 아담이신 그리스도 안에서 자신이 용납되었음을 보았다. 여기서 우리는 이레나이우스가 전개했던 바울 신학을 볼 수 있다. 아담에게서 잃어버린 바가 그리스도 안에서 회복되었다. 이것은 '하나 그리고 여럿'에 관한 성경적 개념이다. 즉, 여럿에 해당하는 우리는 하나님의 목적을 실현하는 유일한 중보자이신 그리스도 안에서 우리 자신이 은총으로 받아들여짐을 본다. 바로 이것이 머리 되신 그리스도 안에서 모든 것이 모인다는 '총괄 갱신'(*anakephalaiōsis*) 교리다.

이레나이우스는 마르키온 이단을 비판할 때 "하나님의 두 손"이라는 은유를 사용했다. 우리 아버지 하나님은 말씀과 성령이라는 두 손을 가지고 계신다. 이 두 손으로 하나님은 세상을 창조하시고 구속하신다. 마르키온은 구약의 창조자 하나님이 신약의 구속자 하나님과 다르다고 가르쳤다. 그러나 아니다. 이레나이우스에 따르면 세상(과 아담)을 창조하신 하나님이 이 세계를 (아담과 함께) 동일한 말씀과 동일한 성령으로 구속하셨다. 만물이 그를 위해서 그리고 그로 말미암아서 창조되었다. 그런 분이 우리를 구속하시고자, 즉 "많은 아들들을 이끌어 영광에 들어가게" 하시고자 우리의 인간성을 취하셨다. 하나님은 이 두 손으로 우리를 친밀한 교제로 데려가시고자 사랑 안에서 우리에게 자기 자신을 주신다. 우리는 이 은유를 더 확장할 수 있다. 포옹을 생각해 보라. 우리가 사랑하는 누군가를 껴안을 때 두 가지 운동이 일어난다. 우리는 사랑하는 사람에게 우리 자신을 준다. 그리고 우리의 팔을 상대에게 두르는 바로 그 행위를 할 때 우리는 그 사람을 우리의 심장 가까이 끌어당긴다. 이것은 그리스도의 제사장직과 성령의 사역 안에서 은총의 이중적 운동, 즉 하나님으로부터 인간에게 또한 인간으로부터 하나님께로 움직이는 행위의 비유다. 하나님의 두 손, 육신이 되신 말씀인 그리스도와 성령 안에서 우리 아버지 하나님은 은총으로 자신을 하나님으로서 우리에게 주신다. 성육신한 말씀이신 그리스도와 성령 안에서 우리는 그리스도의 중보와 성령의 중보로 성부께로 이끌려진다. 우리는 '영원한 팔'에 의해 들어 올려진다. 그리스도의 중보 사역에서처럼 성령은 중보하는 영이시다. 성령을 통해 승천하신 대제사장이신 예수 그리스도는 우리를 성부께 드리신다.

집 나간 아들의 비유에서 아들은 먼 이국땅에서 돌아오면서 아버지의 호의를 다시 얻고자 노력하려 했다. 그는 아버지께 일을 달라고 요구했다. "나를 품꾼의 하나로 보소서.… 이에 일어나서 아버지께로 돌아가니라. 아직도 거리가 먼데 아버지가 그를 보고 측은히 여겨 달려가 목을 안고(포옹하고) 입을 맞추니"(눅 15:19-20). 아버지는 아들을 기쁘게 받아들였다. 이에 아들이 어떻게 반응할지 짐작할 수 있지 않을까. "아버지, 나는 아버지를 사랑합니다! 집으로 돌아와서 얼마나 좋은지 모르겠습니다." 그리고 아들은 "아버지, 저는 어리석었습니다"라고 할 것이다. 바로 이것이 '복음적 회개'의 비유다. 이는 아버지의 사랑에 대한 반응이지 조건이 아니다. 이것이 은총의 의미가 아니겠는가?

3장

세례와 성찬 — 교제의 길♦

♦ 본문에서 성찬을 뜻하는 용어로, The Lord's Supper, Holy Communion, Eucharist 등이 사용되었으나 '성찬'으로 번역어를 통일했다.

그리스도론을 강의하며 디트리히 본회퍼(Dietrich Bonhoeffer)는 신학에서 **어떻게**라는 질문보다 **누구**라는 질문에 우선권을 주고, 언제나 **누구**의 관점에서 **어떻게**의 질문에 답을 찾아야 한다고 호소했다.[1] 우리는 신학하며 다음 질문을 교의학적 출발점으로 삼아야만 한다. 하나님은 누구신가? 예수 그리스도는 누구신가?-"사람들이 나를 누구라고 하느냐?" 성령은 누구신가? 기술 시대에 속한 실용주의적 서구 사회에서 우리는 종종 세계와 교회와 사회의 문제들, 인종과 도심 빈민 지역과 실업과 가난과 폭력과 부정의의 문제에서 신학을 시작한다. 이러한 문제들이 급하고 중요하다 보니, 우리는 이 문제들을 어떻게 해결할지에 우선권을 준다. 만약 이런 실천적 문제들에 해결책을 제시하는 것처럼 보인다면 기독교도 의미 있고 유용하며 적절하고, 심지어 진실하다고 흔쾌히 생각할 수 있다. 그러다 우리는 (19세기에 리츨이 그러했듯) 신학을 수단과 목적의 범주 아래에 기꺼이 위치시킬 수 있다. 이것은 소위 문화개신교주의의 약점이다. 문화개신교주의는 종교를 문화의 목적을 실현하기 위한 수단으로 본다. 이는 부분적으로는 (본회퍼가 보았듯) 오래된 리츨주의의 유산이고, 오늘날 교회에도 널리 퍼져 있다.

어느 날 제프리 브로밀리(Geoffrey Bromiley) 교수는 캘리포니아의

시에라 네바다에 있는 산에 올랐다고 한다.✦ 그는 요세미티 계곡 위에서 쏟아지는 폭포와 거대한 세쿼이아 붉은 삼목, 산 아래 있는 호수 등의 아름다운 광경을 보고 있었다. 그때 옆에서 누군가 외쳤다. "만약 저 밑에 댐이 생긴다면 이 계곡의 물을 흘려보내서 캘리포니아 중앙부에 있는 농장에 물을 댈 수 있다는 거 아시나요!" 이 사람은 인간의 필요를 충족하기에 넉넉할 정도의 물을 어떻게 찾을 것인가라는 질문에 사로잡혀 있었다. 이것은 세계를 활용도와 수단과 목적으로 평가하려는 우리 문화의 실용주의를 보여 준다. 여기에 같은 지각의 장(perceptual field)을 가졌음에도, 전혀 다른 통각(apperception)을 가진 두 사람이 있다.✦✦ 한 명은 아름다움을 보지만, 다른 사람은 활용도를 본다. 이것은 신학의 세계에서도 마찬가지다. 우리는 인간과 사회, 개인의 필요, 자아의 문제에 너무 사로잡힌 나머지 복음마저 이러한 문제들과 관련해서만 본다. 우리는 인간학적 출발점을 취하고는 실용주의적 가치나 동시대적 자기 이해에 비추어 종교를 정당화하려 한다. 종교는 이런 문제들을 다루고, 행동을 촉구하는 수많은 요구에 응답하고자 한다. 이를 위해 여러 프로그램과 구조, 기구,

---

✦ 제프리 브로밀리(1915-2009)는 잉글랜드 태생의 성공회 역사신학자다. 케임브리지와 에든버러 대학교에서 공부한 그는 미국으로 건너가 1958년부터 1987년까지 풀러 신학교에서 가르쳤다. 그는 자신의 역사신학적 작업과 더불어, 바르트와 판넨베르크 등 현대 독일어권 신학자들의 저술을 영어로 번역하고 편집함으로써 신학의 발전에 크게 이바지했다.

✦✦ 일반적 의미에서 지각(perception)은 감각 기관을 통해 외부 대상을 의식하는 활동이라면, 통각(apperception)은 인식이나 경험 내용을 자기의식에서 종합하고 통일하는 정신 작용을 뜻한다.

조직 등을 제공한다. 마치 무언가를 하고 효율성을 높임으로써 우리는 더욱 성공적이게 되고 해결책을 찾아낸 듯이 느낀다. 이 같은 세계를 향한 본회퍼의 호소는 우리의 신학에서 **누구**라는 질문에 우선권을 주라는 것이다. 그가 지적하기를 성경 처음부터 끝까지 언제나 은총의 직설법(indicative)이 율법과 의무의 명령법(imperative)에 선행한다. 하나님이 **누구**신지 그리고 그분이 **무엇**을 하셨고 하시고 계신지를 알아야, 우리는 **어떻게**의 질문에 적절한 답변을 찾을 수 있다. 그 후에야 우리는 복음이 놀랍게도 삶의 모든 영역과 관련 맺고 있음을 본다.

이것이 예배에 관한 우리의 이해에 무슨 의미가 있는가? 교회에 나가는 일이 왜 유용하고 나에게 어떤 득이 되며 교회에서 뭘 얻을 수 있냐고 누군가 물어본다면, 나는 어떻게 답할 수 있을까? 이것은 마치 누군가 내게 결혼이 왜 유용하고 그것이 나에게 어떤 득이 되는지 물어보는 것과 같다. 이 질문에 내가 "글쎄요, 결혼하는 건 매우 유용해요! 당신은 집안일, 쇼핑, 요리 등을 해 주는 한 사람을 가지게 될 거예요"라고 답한다면 이 견해는 결혼에 대해 매우 잘못되었다. 어떤 여성도 자신의 유용성 때문에, 그저 가사 도우미가 되고 싶지는 않을 것이다. 결혼에는 오직 하나의 숭고한 이유가 있다. 사랑을 위해서, 상대를 위해서, 서로 사랑하고 자신을 주고 친밀한 교제를 갈망하고 모든 것을 나누기 위해서다. 마찬가지로 기독교 예배에서도 우리는 하나님을 위해 하나님을 예배한다. 사랑에 동기 부여된 우리는 그리스도를 위하여 그리스도에게로 온다. 예수 그리스도 안에 계시된 우리를 위한 하나님의 거룩한 사랑을 의식하면 우리 안에 친밀한 교제에 대한 갈망이 일깨워진다. 성부의 사랑을 알고자 하는, 그리스도의 삶과 사역에 참여하려는 욕망이 일어난다. 성경에서 예배는 언제나 하나님이 누구이시고 무엇을 하셨는지에 대한 깨달음에서 흘러나온 것으로써 우리에게 주어진다. "나는 아브라함과 이삭과 야곱의 하나님이다.…나는 너희를 사랑했고 구속했다.…나는 너희의 하나님이고 너희는 나의 백성이 될 것이다. 따라서 이것이 너희가 나를 예배하는 방법이다." 우리가 살펴보았듯 성경에서 예배는 하나님이 직접 규정하신 은총의 예법, 즉 은총의 하나님께 반응하는 언약적 형식이다. 이것은 예배에 관한 신약의 이해에서 매우 중요한 사실이다. 예배는 성령을 통하여 성육신한 성자와 성부와의 교제에 참여하고, 또한 성부가 세상을 향해 성자를 보내신 파송에 참여하게 하는 선물이다. 이러한 참여는 놀라운 교제의 생명 안에서 이루어진다.

    기독교 사상사에서, 아니 어떤 종교사 연구를 보더라도 신에 대한 교리는 예배와 기도를 어떻게 이해할지를 결정한다. 이것은 인간에 대한 이해인 인간론에서도 마찬가지다. 하나님을 '저 바깥에' 있는 군주적이고 개인적인 궁극적 실체(Monad)로 상정하는 것은 하르나크에서 보았듯 '하나님과 영혼, 영혼과 그의 하나님'이라는 매우 개인주의적인 예배 개념에 상응한다. 인간의 공로를 보상하는 계약의 신으로서 하나님에 관한 율법주의적 개념은, 참회나 공덕 (supererogation) 행위에 관한 중세의 교리들 또는 희생 제사로서 미사라는 잘못된 개념들에 상응한다. 이것은 또한 개신교의 노동 윤리, 잘못된 행동주의(activism), 그리스도인의 기부와 십일조를 장려하기 위한 경제적 부에 대한 강조, 교회와 목회의 성공을 평가하는 기준

설정 등으로도 이어질 수 있다. 이러한 신 이해는 심지어 우리가 특별한 방법을 사용하면 하나님은 우리를 축복하셔야만 하고 성령을 부어 주실 것이라 기대하게 만드는 일부 부흥 운동의 형태와 혼합되기도 한다. 이것은 바울이 갈라디아서에서 은총에 관해 설명하며 비판했던 신약 시대에 유대화된 이단이 보여 준 오류다. 그러나 하나님에 대한 삼위일체적 이해 혹은 성경에 나오는 은총의 하나님에 대한 이해는 예배와 우리의 인간성에 관해 아주 다른 개념으로 이끈다. 하나님은 사랑이시다. 사랑은 언제나 인격들 사이의 교제를 내포한다. 우리는 이것을 기독교의 하나님에 관한 교리에서 보아 왔다. 성부는 성령과의 교제 안에서 성자를 사랑하신다. 성자는 성령과의 교제 안에서 성부를 사랑하신다. 하나님은 교제 속의 존재(being-in-communion)시다. 삼위일체 하나님은 은총 안에서 우리를 하나님의 형상으로 남자와 여자로 지으셨다. 이것은 우리도 하나님과 친교하고 서로 친밀하게 교제하는 중에 우리의 참존재를 찾도록 하기 위함이다. 13세기 존 던스 스코투스(John Duns Scotus)가 말했듯, 하나님은 우리가 '함께 사랑하는 자'(co-lover, *condiligentes*)가 되도록 우리를 '콤무니오'(*communio*, 교제)를 위해 지으셨다.² 그는 종교개혁이 일어나기 약 300년 전에 활동했다. 당시 신 개념은 성경보다 아리스토텔레스와 스토아 철학과 서양 법학에 더 큰 영향을 받아, 부동의 동자나 무감정의 하나님 또는 율법 수여자 등이 지배적이었다. 하지만 그는 교회를 향해 삼위일체론의 중심성으로 돌아오라고 외치는 데 심혈을 기울였다. 던스 스코투스는 만약 인류가 타락하지 않았더라도 성육신은 일어났을 것이라고 가르치는 데까지 나갔다. 그는 이러한 주장을 펼침으로써 예수 그리스도는 단지 우리를 죄에서 건지시기 위해서만이 아니라, 창조 안의 은총의 삼위일체적 목적을 궁극적으로 성취하시고자 오셨다고 말하려고 했다. 우리는 하나님 나라 안의 공동체적 삶 안에서 우리 인간성의 실현을 찾아야만 한다. 즉 우리는 '함께 사랑하는 자'로서 세상을 향한 하나님의 사랑을 나누며, 하나님 그리고 서로와 교제를 나누면서 우리 자신의 진정한 존재를 찾아야 한다. 스코틀랜드 신학자 존 매클라우드 캠벨(John McLeod Campbell)은 19세기 중반에 이와 유사한 생각을 했다.' 그는 그리스도의 성육신과 속죄의 회고적(retrospective) 측면과 곧 다가올(prospective) 측면을 구분했다. 회고적으로 볼 때, 그리스도는 우리 과거의 죄와 죄책, 심판, 지옥에서 우리를 구하고자 오셨다. 하지만 곧 있을 미래라는 관점에서 볼 때, 그리스도는 자녀의 신분과 하나님 나라에서 하나님과의 교제를 전하고자 오셨다. 그는 서구 신학이 타락의 맥락을 강조하다가 주로 그리스도를 우리 인간성의 구원자로만 보았고, 그 결과 구원을 회고적 차원으로 종종 제한한다고 진단했다. 그러나 신약성경에서 두 측면은 절대 분리되지 않는다. "때가 차매 하나님이 그 아들을 보내사 여자에게서 나게 하시고 율법 아래에 나게 하신 것은, 율

♦ 존 매클라우드 캠벨(1800-1872)은 스코틀랜드의 목회자이자 신학자다. 교부와 종교개혁자, 청교도 등에게서 큰 영향을 받은 그는 속죄론에서 중대한 업적을 남겼고, 그의 유산은 이후 매킨토시(H. R. Mackintosh), 베일리, 토머스 토런스(Thomas F. Torrance) 등의 스코틀랜드 신학자에게 이어졌다. 특히 저자 제임스 토런스는 1973년에 발표한 "매클라우드 캠벨이 스코틀랜드 신학에 끼친 영향"(The Contribution of McLeod Campbell to Scottish Theology)이라는 글에서 캠벨이 속죄론에서 아타나시우스나 안셀무스에 비할 만한 공헌을 했다고 높이 평가했다.

법 아래에 있는 자들을 속량하시고 우리로 아들의 명분을 얻게 하려 하심이라. 너희가 아들이므로 하나님이 그 아들의 영을 우리 마음 가운데 보내사 아빠 아버지라 부르게 하셨느니라"(갈 4:4-6). 오늘날 우리는 구원의 다가올 측면을 꼭 되찾아야 한다.

이것은 창조와 구원에서 하나님의 목적이 실현되는 일로서 예배를 보는 삼위일체적 방법이다. 즉, 예배란 하나님과 교제하고 서로 교제하는 삶으로 우리를 끌어들이는 일이다. 우리는 교제 안에서 우리의 참존재를 찾을 때보다 더 진정한 인간일 수 없고 더 진정한 인격일 수도 없다. 이러한 방식으로 삼위일체 하나님은 공동체를 창조하시는 일을 하고 계신다.

신약성경이 보여 주는 것처럼 그리스도는 진정한 예배자, '레이투르고스'(성소를 섬기는 이), 우리의 대제사장이시다. 우리의 죄를 위해 대신하는 속죄 제사로 그리스도는 성부의 거룩한 현존, 즉 지성소(the Holy of Holies)로 우리가 인도받도록 우리를 깨끗게 하시고 거룩하게 하신다.♦ 이것이 우리가 세례와 성찬을 이해할 때 취해야 하는 방식이다. 그리스도의 명령에 따라 물과 빵과 포도주라는 가시적 요소를 취할 때, 우리는 세례와 성찬을 통해 그리스도가 우리를 위해 단번에 하셨고 지금도 계속하시는 일에 참여한다. 그리스도가 성령으

♦ 저자는 구약성경에서 대제사장만 들어갈 수 있었던 성막 안 지성소를 가리키는 영어 표현 the Holy of Holies를 신약성경에서 대제사장이신 예수 그리스도 덕분에 그리스도인이 은총으로 참여할 수 있는 하나님의 거룩한 현존을 가리키기 위해서도 사용한다. 신구약 성경에서 예배에 대한 이해가 연속성을 지님을 강조하려는 저자의 의도를 존중하여, 이하 the Holy of Holies를 지성소라는 표현을 통일하여 사용했다.

로 세례를 베푸심으로써, 우리는 그리스도가 우리를 정결하게 하시는 일에 참여하고, 성도의 교제인 그리스도의 몸에도 들어간다. 성찬에서 그리스도는 자신의 수난을 우리의 기억 속으로 가져오신다. 그리고 성찬에서 그리스도는 우리가 거룩한 친교(holy communion),◆ 달리 말하면 성부와 그리스도 자신과 함께 서로 나누는 놀라운 친교(wonderful communion)로 들어오도록 이끄신다. 이것은 하나님 나라 안에 있는 우리의 생명을 예기하는 것으로, '주가 다시 오실 때까지' 우리의 신앙을 살찌운다.

교제의 생명으로 들어가는 그리스도와 연합하는 세례◆◆

성령으로 그리스도의 대리적 세례에 참여하기. 세례에 관해 이야기할 때 처음 던질 질문은 누가 세례받을 수 있는가가 아니다. 유아인가 성인인가, 아니면 둘 다 세례받을 수 있는가. 이것이 처음에 나올 질문이 아니다. 물을 뿌릴지, 물을 부을지, 물에 잠길지와 같이 세례를 어떻게 시행할지도 첫 질문이 될 수 없다. 세례를 반복해서 받을 수

◆ holy communion은 문자적으로 '거룩한 친교' 혹은 '거룩한 교제'이지만, Holy Communion으로 표기했을 때는 '성찬'이라는 뜻이다. 이 책이 원래 강의였다는 점을 고려하면, 저자는 이중의 의미를 의도한 것으로 보인다.

◆◆ "Baptism into Christ into a Life of Communion"이라는 소제목이다. "Baptism into Christ"를 개역개정 성경에서는 '그리스도와 합하여', 공동번역에서는 '그리스도와 함께하는', 새번역에서는 '그리스도와 연합하는'으로 번역한다(롬 6:4; 갈 3:27 참고).

있는지에 관한 질문도 아니다. 이 모두가 중요한 질문이지만, 이는 세례의 의미가 무엇인가를 먼저 물어본 뒤에야 대답할 수 있다. 세례의 의미는 무엇인가? 중요한 것은 기호(sign)가 아니라 기호에 **의미된 실재**(reality signified)다. 세례에서 의미되는(signified) 바가 분명할 때 우리는 이런 실천적 질문들에 대한 답을 찾을 수 있다. 이것은 세례에 관한 신약성경의 주석에서도 중요하다. 성경에 나온 세례론에 관한 연구는 신약성경 전체의 증언 속에서 예수 그리스도의 인격과 사역에 관한 우리의 이해에서 분리되지 않아야 한다. 우리는 심층적으로 주석해야 한다. 어떻게(how)를 묻기 전에 누구(who)와 무엇(what)부터 질문해야 한다.

세례에서 무엇이 의미되는가?

1. 세례는 한 분 하나님이신 성부와 성자와 성령이 행하시는 하나의 사역을 가리키는 기호(a sign of the one work)다. 세례는 "많은 아들들을 이끌어 영광에 들어가게" 하려고 우리를 자녀 삼으시는 하나님의 목적을 실현하는 중에 이루어진다. 왜 우리는 삼위일체의 이름으로 세례 받는가? 단지 마태복음 28:19에서 주님이 선교의 명령을 주셨기 때문만은 아니다. 오히려 삼위일체의 언어가 은총의 복음을 소중히 간직해 주기 때문이다. 세상 속에서 교회의 선교는 성부로부터 보내지신 성자와 성령의 선교에 뿌리박고 있다. 성부로부터 성자와 성령이 보내지신 것은, 우리로 하나님의 자녀가 되게 하고 그분과 교제에 늘 어가게 하기 위함이다. 우리 주님은 요단강에서 강물로 받으신 대리적 세례와 함께 우리를 위한 사역을 시작하셨다. 그때 하나님의 아들

로서 그분은 우리 인간성 안에서 우리를 위해 아버지에게서 오는 성령의 세례를 받으셨다. 그리고 자신의 얼굴을 십자가로 향하셨다. 그리스도의 세례 자체가 삼위일체적이다.

칼 바르트는 한 노부인에 관한 이야기를 들려주었다. 그 부인은 전도자 콜브루게(Kohlbrügge)에게 가서 물었다. "당신이 언제 회심하셨는지 말씀해 주시겠어요?" 콜브루게는 자신이 그리스도인으로서 경험한 세세한 것들에 노부인이 관심을 보인다는 것을 알고는 대답했다. "부인, 저는 1,900년 전 예수 그리스도가 제 죄를 위해 십자가에서 죽고 다시 사셨을 때 회심했습니다." 콜브루게는 자신과 자기 신앙을 향한 초점을 예수 그리스도에게로 돌려놓았다. 그에게 결정적 사건은 자기가 경험했던 것 중 하나가 아니었다. 자신의 경험이 아무리 중요하더라도 "본디오 빌라도에게 고난을 받으시고, 묻히시고, 사흘 뒤에 죽은 자 가운데서 다시 살아나시고, 하늘에 오르신" 예수 그리스도가 결정적으로 중요하다. 그의 다음 말은 이러했을 것이다. "그리스도가 나를 위해 오래전에 죽으셨을 때 나는 죽었습니다. 아리마대 출신 요셉의 정원에서 그리스도가 나를 위해 죽은 자 가운데서 다시 살아나셨을 때 나도 살아났습니다. 그리스도가 나를 위해 하늘로 올라가셨을 때 나도 그 안에서 하늘로 올라갔습니다. 그리고 지금 내 생명은 하나님 안에 그리스도와 함께 숨겨졌습니다." 이것이 신앙의 진정한 증언이요, 성령의 내적 증언이다. 사도의 다른 표현에 따르면, "우리가 생각하건대 한 사람이 모든 사람을 대신하여 죽었은 즉 모든 사람이 죽은 것이라"(고후 5:14). **우리 안의**(in us) 그리스도 이전에 **우리를 위한**(for us) 그리스도가 있다. 이러한 생각은 프랑스의 개혁주의 세례 의식문의 언어에 소중히 간직되어 있다.

작은 아이야, 너를 위해 예수 그리스도가 오셨고 싸우셨고 고통당하셨다. 너를 위해 그분은 겟세마네의 그늘과 골고다의 공포로 들어가셨다. 너를 위해 그는 비명을 토해 내셨다. "다 이루었다!" 너를 위해 그분은 죽음에서 일어나셨고 하늘로 오르셨으며 거기서 중보하신다. 비록 네가 그것을 모른다고 할지라도 너, 작은 아이를 위해. 하지만 이런 모양으로 복음서의 말씀은 사실이 된단다. "우리가 사랑함은 그가 먼저 우리를 사랑하셨음이라."

프랑스 개혁교회 예식문에 나오는 이런 언어는 개혁파 세례 신학의 핵심에 있는 은총론을 단순하면서도 심오하게 전달해 준다. 신앙을 증언하면서 언제 내가 그리스도인이 되었는가에 대해 세 가지 답변을 할 수 있다. 첫째, 나는 성부의 가슴 속에서 영원부터 하나님의 자녀였다. 둘째, 나는 성자이신 그리스도가 나를 위해 사시고, 죽으시고, 다시 살아나셨을 때 하나님의 자녀가 되었다. 셋째, 나는 양자의 영이신 성령이 내 신앙과 경험에 인을 치실 때 하나님의 자녀가 되었다. 이러한 성령의 인치심은 성부의 마음에 영원부터 계획되었고, 예수님이 최종적으로 완성하신 바다. 여기에서 시점은 셋으로 구분되지만, 오직 하나의 구원 행위만 있을 뿐이다. 이는 마치 우리가 삼위일체의 세 인격을 믿지만, 오직 하나님 한 분만 계신 것과 마찬가지다. 우리는 결코 다른 둘에서 하나를 떼 내서는 안 된다. 그래서 예수는 제자들에게 복음을 선포하시고 "아버지와 아들과 성령의 이름으로" 세례를 주라고 위임하셨다. 그런데 은총의 복음에서 세 가지 구분되는 계기 중 두 번째가 결정적이다. '크리스투스 프로 노비스'(Christus pro nobis, 우리를 위한 그리스도)는 '크리스투스 인 노비스'(Christus in nobis, 우리 안의 그리스도)에 선행한다. "작은 아이야, 너를 위해 예수 그리스도가 오셨다."

구원 사역은 처음부터 끝까지 하나님의 사역이다. 세례는 삼위일체 하나님의 사역을 가리키는 기호다. 하나님이 우리를 용서하시고, 깨끗하게 하시고, 새로 태어나게 하시고, 입양하신다. 그리고 자기 아들의 영을 우리 마음에 보내셔서 외치게 하신다. "아빠 아버지." 이에 대한 우리의 반응은 믿음으로 아멘이라고 말하는 것이다. 이것은 수동적인 수용자의 응답이다. 죽고, 묻히고, 세례받는 것보다 더 수동적일 수는 없다.

2. 세례는 은총의 언약의 기호다. 개혁주의 언어를 쓰자면 그렇다. 그래서 웨스트민스터 신앙고백은 세례를 "그리스도와 그분의 혜택을 대표하고자 하나님이 즉각 제정하신 은총의 언약의 기호이자 인치심"으로 부른다. 세례는 복음의 성례다. 말씀과 기호로 '모든 피조물에게 가서 복음을 선포하라.' 그래서 성 아우구스티누스는 성례를 "가시적 설교"라고 불렀다. 은총의 언약은 우리가 바로 지금 하나님과 체결하는 쌍무적(bilateral) 언약이 아니다. 이런 식으로 보면 마치 하나님의 은총이 우리의 신앙과 결정에 달린 것처럼 오해한다. 그렇다면 세례는 나의 신앙과 결정에 인을 치는 것, 즉 내가 회심했다는 표가 될 것이다. 하지만 복음은 하나님이 1,900년 전에 그리스도 안

에서 우리를 위해 언약을 만드시고, 그 언약에 그리스도의 피로 인을 치셨다는 사실이다. 그것은 편무적인(unilateral) 은총의 언약이다. '디아테케'(diathēkē)지 '쉰테케'(synthēkē)가 아니다.' 하지만 우리는 성령을 통해 믿음으로 언약에 아멘이라 말하며 들어가도록 부름을 받는다. '그리스도와 그분의 혜택' 안으로 들어가도록 초청받는다. 세례는 그리스도 안에서 오래전 우리와 우리 후손을 위해 세워진 언약을 공개적으로 보여 주는 믿음의 행위다.

3. 물에서 세례를 받는 것은 우리를 위한 그리스도의 세례를 보여 준다. 예수님은 십자가에서 자신의 죽음을 자신의 **세례**라고 이야기하셨다. "나는 받을 세례가 있으니 그것이 이루어지기까지 나의 답답함이 어떠하겠느냐"(눅 12:50). 그분은 제자들에게 말씀하신다. "내가 받는 세례를 너희가 받을 수 있느냐"(막 10:38). 이것은 단지 수난에 대한 메타포가 아니다! 이것은 세례 의식이 기호가 되어 가리키는 복음의 핵심에 있는 실재다. 우리를 위한 그리스도의 세례, 즉 십자가와

♦ '디아테케'(diathēkē)와 '쉰테케'(synthēkē)는 언약이라는 뜻의 히브리어 '베리트'(berith)의 번역어로 사용된다. '쉰테케'가 계약에서 상호적 조건이라는 함의가 상대적으로 더 강하기에, 칠십인역은 관계에서 하나님의 우선성 그리고 (인간의 불순종에도 취소되지 않는) 하나님의 신실함을 더 잘 반영하는 단어인 '디아테케'를 사용했다. 바울을 포함한 신약의 저자들도 '디아테케'를 선호했지만, 이 개념은 언약 외에도 법률 혹은 유언이라는 뜻도 있다. 그 결과 신약성경에 사용된 '디아테케'는 맥락에 따라 다른 의미를 형성하기도 한다. 현대 신학 영어로는 둘의 의미 차이를 강조하고자 '디아테케'는 unilateral covenant(편무적 언약), '쉰테케'는 bilateral contract(쌍무적 계약)라 번역하기도 한다. 저자는 그의 논문 "Covenant or Contract"에서 두 개념을 자세히 설명한다. 특별히 논문의 54-56쪽을 보라.

속죄의 죽음과 부활로 그분은 우리를 용서하시고 성화시키시고 우리의 자녀 됨을 보장하신다. 성령의 사역은 그리스도의 세례를 우리 마음에 "인"치신다. 그리고 성령은 그리스도와 함께 죽고 살아난 생명을 우리가 일상에서 삶으로써 그리스도의 세례에 참여하도록 우리를 부르신다. 세례는 정화와 용서의 성례다. 물이나 교회, 목회자, 나의 신앙, 나의 죽음과 살아남도 나를 용서하거나 치유하지 못한다. 용서와 치유는 바로 그리스도가 우리를 위해 또한 우리 안에서 이미 성령으로 완수하셨다. 따라서 우리는 우리의 이름이 아니라 "그리스도의 이름으로" 세례받는다. 그리고 우리는 세례로 그리스도와 연합하는 삶, 즉 그리스도와 함께 죽고 사는 삶에 들어간다. 우리는 친교의 삶 속으로 세례받는다.

하나의 세례. 따라서 우리의 세례는 그리스도의 하나의 세례를 보여 준다. 에베소서 4:5은 "주도 한 분이시요 믿음도 하나요 세례도 하나요"라고 말한다. 니케아 신경도 다음과 같이 말한다. "우리는 죄를 용서하는 하나의 세례를 믿습니다." 장로교, 감리교, 침례교, 성공회, 로마 가톨릭 모두 우리는 하나의 세례에 참여한다. 하나의 세례라는 개념은 단지 앞서 말한 두 진술에서 나왔을 뿐 아니라 복음에 대한 우리의 이해에서도 나왔다. 하나의 세례란 무엇을 의미하는가?

1. 하나의 세례는 우리를 위한 그리스도의 세례를 의미한다. 그리스도는 요단강에서 성령으로 세례를 받으시며, 악과 맞서는 삶을 사는 사역을 시작하셨다. 결국 그분의 세례는 자기 자신을 위한 것이 아니라

우리를 위한 십자가에서의 피 세례로 이어졌다.◆ 사람들이 죄를 고백하고 유죄 판결을 받으면서(회개하면서), 요한의 세례를 받으러 강으로 들어가는 모습을 예수님은 보셨다. 그리고 예수님은 요한에게 말씀하셨다. "나에게도 세례를 주시오! 나는 그들을 위해 유죄 판결을 받을 것입니다." 그리스도는 하나님의 심판 아래 있는 죄인들을 대신하는 사람으로서 그들의 자리에 서고자 자신을 죄인과 동일시하셨다. 그래서 그분은 우리를 위해 세례를 받고자, '우리를 위해 할례를 받고자'(골 2:11 이하) 십자가로 나아가셨다. 복음은 그리스도가 단번에 십자가에서 피로 세례받으셨다는 사실이다. 그리스도는 모두를 위한 단 한 사람으로, 많은 이를 위한 유일한 자로, 한 명 안의 여럿으로서 십자가에서 세례를 받으셨다. 이러한 방식으로 그분의 죽음은 우리의 죽음이었고, 그분이 묻히심은 우리가 묻히는 것이었고, 그분의 부활은 우리의 부활이었다. 그리고 우리를 위한 그분의 세례는 우리의 세례였다. 세례가 성부의 사랑을 보여 준다면, 그것은 성자의 대속에 기초한다.

2. 하나의 세례는 그리스도가 성령으로 우리에게 세례를 주심을 의미한다. 1,900년 전에 우리를 위해 세례받으셨던 그리스도는, 이제 우리를 자기 몸의 일부로 만드시기 위해 성령으로 우리에게 세례를 베푸시고자 오신다. 이것은 우리도 하나님의 아들 됨과 성부와의 친교

◆ 세례에 관한 복음서 말씀에 기초하여 전통적으로 세례를 물(마 3:14-15), 성령 혹은 불(눅 3:16), 피(막 10:38-39)로 설명하기도 한다.

에 참여하게 하려 함이다. 세례 요한은 말했다. "나는 물로 너희에게 세례를 베풀거니와 … 그는 성령과 불로 너희에게 세례를 베푸실 것이요"(눅 3:16). 그리스도는 우리를 위해 우리의 인간성 안에서 성령으로 요단강에서 세례를 받으셨다. 그리스도는 우리를 위해 우리의 아들 신분을 확보하고자 십자가에서 피로 세례받으셨다. 그리스도는 오순절에 동일한 성령으로 교회에 세례를 주심으로, 공동의 세례(corporate baptism) 안에서 교회를 자신의 몸으로 만드셨다. 그리고 그리스도는 개개인에게 세례를 베풀어 우리가 양자의 영으로 자신과 연합하도록 하신다. 이로써 우리도 성령의 세례를 나누어 받아 다음과 같이 외칠 수 있다. "아빠 아버지."

3. **하나의 세례는 그리스도 안에 들어감을 의미한다.** 한 분 그리스도는 한 분 성령으로 세례를 주서서 **한 몸이 되게 하신다.** 이는 그리스도가 우리를 위해 하셨고 지금도 하시는 모든 일에 우리가 참여하고, 이로써 그리스도와 더불어 그분이 베푸실 모든 복을 우리가 받기 위함이다. 그리스도는 세례를 주시는 분이다. 그리스도는 우리가 자녀로서의 삶, 섬기는 삶, 새 생명 가운데서(롬 6장) 자신과 함께 죽고 사는 삶에 들어가도록 세례를 베푸신다. 그리스도는 우리가 교제의 생명에 들어가도록 세례를 주시는데, 바로 이 교제의 생명을 위해 우리는 삼위일체 하나님의 형상으로, 즉 함께 사랑하는 자(*condiligentes*)가 되도록 창조되었다.

세례의 기호는 무엇인가? 물은 씻음의 가시적 기호다. 아나니아가 바울에게 말했다. "세례를 받고 너의 죄를 씻으라"(행 22:16). 바울은 "물로 씻어 말씀으로 깨끗하게 하[심]"(엡 5:26)에 대해 이야기한다. 히브리서 기자는 말한다. "우리가 마음에 뿌림을 받아…몸은 맑은 물로 씻음을 받았으니"(히 10:22). 물로 씻는 방식인 침례(immersion), 살수례(sprinkling), 관수례(pouring) 모두가 씻음에 대한 좋은 성경적 상징이다. 진정한 씻음은 그리스도의 피와 성령으로 이루어진다. 다음에 주목하라.

- 물세례는 우선 상징이다. 우리 안의 어떤 것이 아니라, 오직 성령 안의 그리스도가 중요하다. 내 신앙이 아니라 그리스도, 즉 내가 믿는 그리스도가 성령으로 나를 씻기신다.
- 세례는 교회와 세상의 가시적 차이를 보이고자 그리스도에 속한 개인을 개별적으로 구분해 표시하는 인(seal)이다. "작은 아이야, 너를 위해서 예수 그리스도가 오셨다….", 이것이 신약성경과 선교적 상황에서 가정 세례가 중요한 이유이기도 하다. 세례를 받을 때 우리는 이야기한다. "우리와 우리 가족은 그리스도에 속했고…세상을 부인합니다…."
- 물은 부재하신 그리스도가 아니라 자신의 약속에 따라 현존하시는 그리스도를 보여 준다. 우리의 자리에서 우리를 대신하는 자로서 골고다에서 세례받으신 그리스도가 자신의 약속을 신실하게 지키고자 성령으로 우리에게 세례를 베풀기 위해 오늘 현존하신다. "볼지어다, 내가 너희와 함께할 것이다…."

누구에게 세례가 시행되어야 하는가? 이 물음에 개혁파 신앙고백은 보통 사도행전 2:39의 "이 약속은 너희와 너희 자녀와…"를 인용하며 '신자들과 그들의 자녀들'이라고 답한다. 하지만 유아 세례 관행은 이처럼 여러 해석이 가능한 특정 텍스트가 아니라 전체 복음의 의미에 기초한다. 아브라함에게 약속하셨고 그리스도 안에서 실현된 은총의 언약은 우리와 우리 자녀를 위한 것이었다. 여기에서 두 가지가 중요하다. (1) 그리스도는 어른들만을 위해서 죽으신 것이 아니다. 그분은 어른과 아이를 위해 죽으셨다. "작은 아이야, 너를 위하여…." (2) 하나님의 은총은 우리 안의 무언가 때문에 제한되지 않는다. 우리의 믿음일지라도 말이다! 그렇지만 세례는 언제나 우리와 우리 자녀를 위해 죽으신 그리스도 안에서 믿음의 행위여야 한다. 세례는 우리 믿음이 아니라 우리가 믿는 그리스도를 가리키는 기호다. 어린아이에게 믿음은 없다. 그러나 믿음 안에서 우리는 말한다. "너를 위해, 작은 아이야, 비록 네가 그것을 모른다고 할지라도…."

유아 세례는 아이가 믿음을 갖기 훨씬 이전에 일어나는 예식이다. 하지만 우리는 그리스도가 우리가 태어나기 1,900년 전 우리 모두를 위해 하신 일을 인정하며, 믿음 안에서 우리가 아이를 위해 무언가를 한다고 생각한다. 우리는 그리스도가 그분의 신실하심 안에서 그분의 때에 어린아이가 인격적 신앙을 가지도록 하시리라는 믿음으로 기도한다. 세례의 효력은 예식이나 물에 있는 것이 아니라 그리스도의 신실함에 있다. 누군가는 신약성경에 아이가 세례를 받았다고 분명하게 언급된 구절이 하나도 없다고 주장할지도 모른다. 그렇다면 우리가 유아 세례를 줄 수 있는 근거는 어디에 있는가? 만약 우리의 관행을 지지하는 분명한 본문을 요구한다면, 여성이 성찬에 참여할 수 있다는 근거 역시 없다고 할 수 있다. 신약에 이에 대한 어떠한 명시적 언급도 없다. 우리의 근거는 독자적 텍스트나 선례가 아니라 복음 그 자체에 있다. 그리스도는 남자와 여자, 성인과 유아를 위해 죽으셨고, 우리는 이것을 세례와 성찬에서 믿음으로 인정한다. 만약 그리스도가 모두를 위해 죽으셨다면, 왜 차별 없이 모두가 세례받으면 안 되는가? 그렇다! 하나의 세례는 그리스도가 성령으로 우리를 성령의 영역인 교회 안에서 세례를 베푸셨음을 의미한다. 성령은 말씀을 통해 활동하신다. 말씀이 선포되고, 들리며 아이들이 교육받는 곳에서 성령은 활동하신다. 성령의 사역으로 말씀을 통해 신앙이 생겨난다. 따라서 부모에게 질문한다. 당신은 …을 믿습니까? 당신은 이 작은 아이에게 …을 가르치겠다고 약속합니까? 따라서 세례는 교회와 세상 사이의 경계를 표시한다. 세례는 은총의 복음 전체를 매우 놀라운 방식으로 소중히 간직한 복음적 성례다. 그 복음은 우리와 우리 자녀에게 조건 없이 거저 주어졌지만, 우리와 우리 자녀를 값비싼 신앙과 제자도로 조건 없이 불러들인다. 세례는 성부의 사랑, 성자의 대속, 성령의 주권적 행위를 섬세하게 보여 준다. 그래서 우리는 루터와 함께 기뻐하며 말한다. "나는 세례받았다!"(*Baptizatus sum!*)

성찬

기억과 교제 안에서 우리의 대제사장이시며 승천하신 그리스도의 생명에 성령으로 참여하기. 예수님의 삶 전체는 예배의 삶이었다. 심지어 소년이실 때도 그분은 자기 "아버지 집"인 성전에서 발견되셨다. 예수님은 매일 기도로 자신을 드리셨고, 하나님과 인간에 봉사하시며 친교를 맺으셨다. 그분은 산기슭에서 기도하셨고, 삶에 큰 위기가 닥쳤을 때도 기도하셨다. 그분은 확고부동한 순종의 삶을 우리의 인간성 안에서 하나님께 바치면서 기도하셨다. 세례받으시며, 열두 제자를 부르시면서, 최후의 만찬의 '대제사장 기도'에서, 겟세마네 동산에서, 십자가에서 기도하셨다. 그분은 죽음을 기꺼이 받아들이셨고 시편 110편과 이사야서의 종의 노래가 비추는 빛 아래서 자신의 수난을 해석하셨다. 예수님의 삶 전체는 세상을 위해 자기를 아버지께 바치시는 삶이었다. 이는 십자가에서 유일하게 참된 사랑과 순종의 제사를 바치실 때 정점에 이르렀다. 모든 사람과 민족과 시대를 위한 그분의 자기 드림(self-offering)만이 하나님께 받아들여질 만하다. "그가 거룩하게 된 자들을 한 번의 제사로 영원히 온전하게 하셨느니라"(히 10:14).

성부, 성자, 성령

1. 신약성경에 따르면 성부와 교제하는 아들의 삶은 베들레헴에서 시작되지 않았다. 본성상 성부와 영원한 교제를 향유하셨던 하나님의 영원한 아들이 인간의 아들이 되셨다. 이것은 우리 '인간의 아들들과 딸들'도 은총으로 '하나님의 아들들과 딸들'이 되고 성자가 성부와 맺으신 친교로 들어가도록 하기 위함이다. 이것은 성령을 통해 우리도 하나님을 "아버지"라고 부르게 하기 위함이다. 하나님과 함께 계셨고 하나님이신 영원한 말씀, 즉 모든 것을 창조하신 성부의 유일한

아들이신 성자는 우리 인간성을 취하시고 우리들 사이에 "천막을 치셨다."◆ 이것은 우리도 성부의 영광을 보고, 하나님의 아들들과 딸들이 되게 하기 위함이다(요 1:11-14).

2. 우리의 인간성 속에서 예수님이 실현하셨던 예배의 삶과 성부와의 교제의 삶은 죽음에서 끝나지 않았다. 예수님은 우리를 위해 성부께 완벽한 순종의 삶을 드리셨고, 이는 모든 사람과 민족을 위해 완벽하게 자기를 바치심으로 절정에 이르렀다. 예수님은 죽음에서 일어나셨고, 우리의 위대한 대제사장으로서(히 4:14) 우리를 위해 간구하고자(롬 8:34) 성부께로 돌아가셨다. 영원한 언약의 영원한 중보자이신 그분은 우리를 위해서 하나님의 현존 안에 지금 계신다(엡 2:13 이하; 딤전 2:1-6; 히 4:14; 7:25; 9:24). 이는 우리가 하나님께 아들과 딸로서 용납되게 하고자 함이다.

따라서 우리는 그리스도의 이중적 사역을 구분한다. (1) 출생에서 죽음에 이를 때까지 그리스도가 단번에 이루셨던 지상에서의 예배와 자기 드림. (2) 그리스도의 부활과 승천으로 시작되었고 천상에서 계속되는 예배와 중보의 사역. "위대한 대제사장으로서 예수님은 이중의 사역을 실현하신다. 그것은 단번에 이루어진 속죄 행위인 한편, 영원까지 이어질 그분의 구원 사역의 모든 혜택을 확장하고 활용하는 사역이기도 하다."[3]

◆ "말씀이 육신이 되어 우리 가운데 거하시매"(요 1:14)에서 '거하시다'로 번역된 '에스케노센'(eskēnōsen)은 '천막을 치다'라는 뜻으로도 해석된다.

3. 예수님은 자신의 "아버지" 기도를 우리 입에 두심으로, 하나님의 아들 신분을 우리와 나누신다. 이로써 그분은 성령으로 인류를 성부와 교제하는 자신의 생명 속으로 이끄신다. 지상에서 사역과 천상에서 계속되는 사역 모두에서 예수님은 성부에 대한 자신의 고유한 지식을 성령을 통해 나누심으로써 아버지를 우리에게 알리신다. 예수님은 우리에게 기도를 가르치시고, 자신과의 교제 가운데 우리와 연합함으로써 성부와의 영원한 교제로 우리를 불러들이신다. 그리고 그분은 사람들 사이에 화해된 공동체를 창조하신다. 따라서 은혜롭게도 우리는 성부께 예배라는 선물을 받았다. 우리는 이 선물을 성자 안에서 또한 성자를 통해서, "예수님의 이름으로" 기도하는 성도의 친교 안에서 성령과 교제하면서, "우리 주 예수 그리스도를 통하여" 받는다. 우리는 성부와 성자와 성령의 이름 안에서(in) 예배하는 공동체 안으로(into) 세례를 받는다. 이 공동체는 성자 안에서 또한 그분을 통하여, 성령과의 교제 안에서 성부를 예배한다. (사도신경처럼) 삼위일체에 대한 믿음을 고백하며 우리는 성부 성자 성령 하나님의 복을 받는다.

그리스도의 예배는 성령의 교제 안에서 우리의 예배다. 부활하고 승천하신 주님이신 예수 그리스도는 성령을 통하여(through) 성부의 현존 안에서(in) 자신의 기도하는 삶 속으로(into) 우리를 끌어들이신다. 이처럼 우리가 그리스도에 참여하는 일은 기억의 행위와 교제의 삶에서 일어난다.

1. **참여**(Participation). 예수님은 하나님을 "아버지"라고 부르시고, "우리 아버지여…"라고 기도하라고 가르치셨다. 모든 진정한 기도는 한 단어로 압축된다. 예수님은 우리에게 단지 "아버지"라고 기도하라고 가르치셨을 뿐만 아니라, 자신이 그 기도를 생생하게 체현하셨다. 성부와 교제하시던 그리스도의 지상의 삶에서 그리고 성령 안에서 살아가시는 삶 안에서 우리는 삼위일체 하나님의 영원한 생명을 엿볼 수 있다(요 17장 참고). 하나님의 아들은 우리를 놀라운 교제의 삶으로 들어 올리시려고 우리의 형제가 되셨다. 그래서 그분은 자신의 영을 우리 마음에 보내시고, 자신의 기도를 우리 입술에 두셨다. 이로써 우리 역시 "아빠 아버지"라고 기도할 수 있다. 따라서 성도의 교제 안에서 일어나는 성령과의 친교 안에 있을 때, 지상에서 우리의 기도는 천상에서 하나님의 아들이 드리시는 기도의 메아리가 된다. 은총으로 우리는 온 인류를 위한 그분의 중보에 깊이 참여한다. 우리의 천상 대제사장처럼 우리도 마음 안에 세상의 슬픔과 걱정과 비극을 짊어지고서 공동의 예배에서 왕 같은 제사장이 되도록 부름을 받는다. 몸의 머리 되신 그분의 삶과 사역, 고통, 죽음, 부활, 계속되는 중보에 우리는 은총으로 참여한다.

2. **기억**(Memory). 예수님은 제자들에게 말씀하셨다. "내가 아버지께 구하겠으니 그가 또 다른 보혜사를 너희에게 주사…내가 너희에게 말한 모든 것을 생각나게 하리라"(요 14:16, 26). 최후의 만찬에서 예수님은 말씀하셨다. "이것을 행하여 나를 기념하라." '아남네시스'(*anamnēsis*, 기억 혹은 기념)라는 단어는 성경에서만 아니라 일반적으

로 예배에서도 매우 풍성한 예전적 의미를 갖는다. 우리는 하나님께 세상을 기억해 달라고 아뢰면서, '기도 중에 사람들을 기억하는 것'에 관해 이야기한다. 또한 우리는 그리스도의 '기념물'(memorials)로서 성례 혹은 살아 있는 기념물(the living Memorial)로서 그리스도에 관해 말한다.◆

이 단어는 마치 어린 학생이 서기 1066년이나 1492년을 기억하듯 단순히 이미 멀리 지나 버린 특정 역사적 시점을 회상한다는 의미가 아니다.◆◆ 오히려 이 단어는 우리가 과거 사건에 참여할 뿐만 아니라 우리의 운명과 미래가 그것에 묶여 있음을 알아차리면서 기억함을 의미한다. 예를 들어 유대인이 이집트에서 탈출한 사건 그리고 유월절을 예배하며 기억할 때, 그들은 그 사건을 단지 3천 년 전에 있었던 되돌릴 수 없는 과거의 날로 생각하지 않는다. 오히려 그들은 그 사건을 다음과 같은 방식으로 고백하면서 기억한다. "우리는 한때 파라오의 노예였으나, 하나님의 은총으로 하나님이 이집트의 땅으로부터 우리를 꺼내셨다. 하나님은 우리를 노예 생활에서 건져 내셔서 자유

◆ 그리스도의 최후의 만찬 장면에서 '기억'의 의미로 사용된 명사는 '아남네시스'(눅 22:19; 고전 11:24-25)다. 반면 향유 부은 여자(마 26:13; 막 14:9)와 고넬료의 기도(행 10:4)를 기억한다는 맥락에서 사용된 명사는 '므네모쉬논'(mnēmosynon)이다. 이 책의 118쪽과 120쪽을 볼 때 저자는 이 둘의 의미를 거의 동일시하며 논지를 펼치는 듯 보인다. 그 결과 성찬의 기억을 설명할 때 그가 단지 기억하는 행위가 아니라, 구체적이고 심지어 물질적인 기억의 대상 혹은 촉매가 되는 기념물(기념비)을 뜻하는 a/the memorial이라는 단어가 반복해서 사용된다. 번역에서도 이러한 독특한 용어 사용을 고려해 '기념물'이라는 표현을 사용했다.

◆◆ 1066년은 영국 남동부 헤이스팅스에서 열린 전투에서 노르망디 공국의 정복왕 윌리엄이 승리하며 노르만 왕조가 성립된 해다. 1492년은 콜럼버스가 신대륙을 발견한 해다.

인으로 만드셨다. 하나님은 우리와 언약을 맺으시며 말씀하셨다. '나는 너희 하나님이 되겠고 너희는 내 백성이 되리라.' 바로 이 하나님의 권능의 행위가 우리 구원이다." 이스라엘은 이러한 역사적 기억으로 산다. 언제나 현존하는 주님의 신실하심 속에서 선택된 언약 백성으로서, 이스라엘은 역사의 출발점과 관련을 맺으면서 자신들의 역사적 실존의 현시점에 서 있다. 바로 이것이 여러 세기를 관통하면서 이스라엘에 역사적 연속성과 정체성의 감각을 선사해 왔다. 바로 이것이 '하가다'(Haggadah, 유월절 이야기하기)와 '할렐스'(Hallels, 이집트에서의 탈출 찬양하기) 같은 제의에서 이스라엘이 하나님의 구원 행위를 다시 설명하는 이유다. "제의적 기억에서… 과거는 현재가 된다. 따라서 그것은 과거를 다시 현재화(re-present-ation)하여 과거가 현재의 시간에 다시 살아나도록 한다. 더 나은 말이 없기에 우리는 이것을 아마 과거의 현재화 하기(presentifying)라고 불러야 할 것 같다."[4]

성찬의 식탁에서 우리는 주님의 수난을 1,900년 전 어느 날 일어났던 동떨어진 사건으로 기억하지 않는다. 은총으로 말미암아 우리는 자신을 주님이 죽으시고 부활하시면서까지 위했던 사람으로, 예수님이 십자가에서 고백하신 죄를 원래 가졌던 사람으로, 그리스도의 피로 하나님과 언약을 맺었던 사람으로, 하나님이 "나는 너희 하나님이 되겠고 너희는 내 백성이 되리라" 하고 말씀하셨던 하나님의 이스라엘로 인식한다. 이렇게 자신을 이해하면서 우리는 성찬에서 주님의 수난을 기억한다. 예수님은 우리를 위해 중보하시고, 자신을 모든 피조물을 위한 영원한 기념물로 하나님 앞에 세우신다. 예수님이 왕 같은 그분의 마음에 품으셨던 슬픔과 절규를 가진 사람들이 바로 오늘날의 우리다. 우리는 하나님의 은총으로, 곧 하나님이 그때 우리를 위해 하신 일 덕분에 지금의 우리일 수 있다.

이러한 기억, 달리 말하면 우리가 그리스도의 고난에 참여하고 유대를 맺었음을 깨닫는 일은 성령의 사역이다. 성령은 이것을 우리의 기억으로 가져오시고, 그 의미를 우리에게 해석하신다. 우리는 그리스도를 기억한다. 그러나 이러한 사건들을 상기하는 데 큰 역할을 하는 이는 우리가 아니다. 바로 그리스도가 성령을 통해 자신의 수난을 우리의 기억에 가져오신다. 예수 그리스도는 영원히 살아 계시고 언제나 현존하시는 주님이다. 그리스도가 자신의 인격 안에서 자신을 기념물로 세우실 때, 그분은 성부의 현존 안에서 우리의 기념물이 되신다. 달리 말하면 우리의 기념물은 천상의 기념물에 상응한다. 그리스도는 성부 앞에서 자신을 우리의 기념물로 세우셨고, 우리가 우리의 기념물을 하나님 앞에 드릴 때 성령으로 우리를 들어 올리신다. 그래서 유월절과 같이 성찬은 우리에게 기념물일 뿐만 아니라 하나님 앞에서도 기념물이다.

신약성경에서 기도 역시 하나님 앞의 기념물로 묘사된다. 사도행전 10:4에서 천사는 고넬료에게 "네 기도와 구제가 하나님 앞에 상달되어 기억하신 바(eis mnēmosynon)가 되었으니"라고 이야기한다. 이것은 대리적 기도와 사랑의 관심이라는 제사장의 사역을 반영하고 있을 것이다. 바로 이러한 제사장적 사역 안에서 우리는 하나님 앞에서 우리 마음에 다른 이의 짐과 필요를 짊어진다. 이러한 기도 개념의 배경에는 구약 이스라엘의 대제사장이 드린 예전적 기도가 있다. 대제사장은 자신의 흉곽에 "기념"(출 28:12)으로 이스라엘 부족의 이

름을 지녔고 하나님 앞에 이스라엘의 기도를 바쳤다.◆

따라서 왕 같은 제사장으로서 교회는 그리스도의 이름으로 그리스도 안에서 살아 있는 기념물이 되도록 부름받는다. 우리 마음에 세상의 필요를 짊어짐으로써, 우리의 중보와 사회적 관심 속에는 모든 피조물을 기억해 달라고 성부께 드리는 간청이 놓인다. 그리고 창조와 구속에서 그리스도의 역할을 고려할 때 우리는 세계가 그리스도에게 속했음을 세상에 계속 상기시키는 역할도 담당한다.

3. **성찬(Communion).** 우리가 기억하는 그리스도는 부재한 그리스도가 아니다. 그분은 성찬의 행위에서 우리가 기념하는 것을 성령의 능력으로 우리의 기억 속에 가져오신다. 성령을 통한 그리스도의 사역은 이중적인데, 이는 지상과 천상에서 그리스도의 이중적 사역에 각각 대응한다. (1) 그리스도가 지상에서 하신 사역들을 단번에 우리 기억 속으로 가져오기, (2) 그리스도 안에서 새로운 인간성의 참여자로 우리를 만들기 위해 "수르숨 코르다"(*sursum corda*, 마음을 드높이)를 부르며 우리의 심장과 정신을 성부와 교제 속으로 들어 올리기.◆◆ 한편으로 그리스도가 성찬의 식탁에서 우리와 만나실 때 인류를 대표하는

◆ 칠십인역은 출애굽기 28:12에 나오는 '직카론'(*zikkaron*, 기념)을 그리스어 단어 '므네모쉬논'(*mnēmosynon*)으로 번역한다. 또한, 오경에서 '직카론'은 기념비 혹은 기념석을 나타낸다(출 17:14; 민 5:15 등). 참고로 칠십인역에서 이 단어를 주로 '므네모쉬논'으로 번역하지만, 간혹 '아남네시스'(*anamnēsis*)를 사용하기도 한다(레 24:7; 수 10:7 등).

◆◆ "마음을 드높이"(혹은 심장을 드높이)는 전통적 감사 노래 혹은 성찬 기도 도입부에 사용되는 문구로, 칼뱅도 성찬론에서 이 표현을 중요하게 사용했다.

자신의 인간성 속에서 우리의 깨진 인간성을 취하시고 심판하실 뿐 아니라, 스스로를 축사(self-consecration)하시고 드리심(self-offering)으로써 우리를 성결하게 하고 치유하신다.◆ 다른 한편으로는 승천하신 주님이신 그리스도는, 우리의 위대한 대제사장으로서 자신의 계속된 인간성 안에서 우리를 성부께 바치신다. 그리고 대제사장이신 그분은 지성소에서 우리를 대신하여 이루어진 자기 바침(self-presentation)을 영원한 성령으로 말미암아 은총으로 우리가 나누어 받게 하신다. 또한, 성찬에서 강림(eucharistic parousia)◆◆하셔서 성령의 능력으로 진정으로 현존하시는 분은 지금은 부재하신 분이기도 하다. 그런 의미에서 칼뱅은 종종 다음과 같이 말했다. 그리스도는 현존하는 방식으로 계시지만, 부재하는 방식으로도 계신다(*quodammodo praesens et quodammodo absens*). 우리를 이토록 놀라운 성찬으로 이끄시는 분은 하나님이시요 인간이신 전체 그리스도(the whole Christ)시다.◆◆◆ 바로 이 그리스도 안에서 또한 그리스도를 통하여 하나님과 인류가 화해한다. 중재자 그리스도 안에서 하나님과 인간은 하나가 된다. 그분은

◆ consecration은 사용되는 맥락에 따라 정화, 성변화, 성별, 축성, 서품, 안수(식), 헌당(식), 봉헌(식), 헌신 등으로 다양하게 번역된다. 이 장에서 저자는 이 단어를 그리스도나 그리스도인이 거룩하게 구별된다는 의미뿐만 아니라 성찬이라는 맥락에서도 사용하기에 개역개정 성경에 많이 등장하는 축사(눅 24:30; 행 27:35; 고전 11:24)로 번역했다.
◆◆ parousia는 현존, 도착, 공적 방문, 강림 등을 가리키는 단어다. 신약성경에서도 이 단어는 이런 일반 의미로 사용되나, 많은 경우 그리스도의 재림을 가리킬 때 사용한다.
◆◆◆ 성찬 신학에서 전체 그리스도(the whole Christ)는 그리스도의 신성과 인성 전체가 성찬에서 현존하시기에, 지금 성찬에 계신 그리스도가 하늘에도 계심을 가리키는 개념이다.

우리가 서로 화해하도록 불러 모으시고, 세상과 시대 끝까지 화해의 복음을 전할 대사가 되도록 우리를 파송하신다.

성령을 통해 우리는 그리스도의 인격과 사역에 참여한다. **인류에게 하나님을 대표**하고 **하나님께 인류를 대표**하는 그리스도의 이중적 사역에 상응하는 방식으로 성령도 이중으로 사역하신다. 이 같은 이중의 의미 안에서 우리는, 그리스도께 속한 것들을 취하셔서 그것들로 우리를 보살피시는 성령의 사역을 해석해야 한다. (1) 성령을 통해 하나님은 예배에서, 즉 말씀과 성례의 사역에서 우리를 만나러 오신다. 그리고 성령을 통해 하나님은 우리가 믿음과 순종과 감사로 응답하도록 부르신다. 우리의 응답은 우리의 "영적 예배"(reasonable worship)인 산 제사(living sacrifice)로서 자신을 바치는 중에 일어난다.◆
(2) 우리는 하나님께 인간적이고 나약하며 무가치하고 깨진 응답을 한다. 그런 중에도 성령은 우리의 약함을 도우시며 우리를 그리스도께로 들어 올리신다. 하늘로 오른 **인간성** 속에서 그리스도는 우리에게 하나님이 주신 응답이자 우리 예배의 인도자, 우리 신앙의 선구자, 영원한 성령을 통해 우리를 자신과 함께 하나님께 드리는 대제사장이시다. 따라서 성령의 중재하시는 사역 안에서 그리고 그것을 통해서 우리는 그리스도의 이름으로 성부께 예배한다. "우리는 마땅히 기도할 바를 알지 못하나 오직 성령이 말할 수 없는 탄식으로 우리

◆ 개역개정 성경의 로마서 12:1에 '영적 예배'로 나온 '로기케 라트레이아'(logike latreia)를 많은 영어 성경에서 reasonable worship/service로 번역하기도 한다. 19쪽의 옮긴이 주를 참고하라.

를 위하여 친히 간구하시느니라. 마음을 살피시는 이가 성령의 생각을 아시나니 이는 성령이 하나님의 뜻대로 성도를 위하여 간구하심이니라"(롬 8:26-27). 여기서 성령은 말씀하는 영이실 뿐만 아니라, 간구하는 영이시다. 성령은 예언자의 사역뿐 아니라 제사장의 사역도 하신다. 개혁주의 전통에서 우리는 (2)를 잊을 정도로 (1)를 과하게 강조해 왔다고도 말할 수 있다. 하나님이 우리에게 말을 건네시고자 설교 중에 말씀을 통해 하나님으로서 우리에게 오신다는 점은 매우 강조된다. 그러나 이것은 그리스도의 진정한 인간성, 즉 하나님 앞에서 우리를 대표하는 제사장이신 그리스도가 지속하신 역할을 축소해 버릴 수도 있다. 게다가 성령의 사역에 관해서도 일방적 시각을 가지게 할 수 있다. 이 경우 펠라기우스적 방식으로 말씀에다가 우리 자신의 응답을 채워 넣을 수도 있다. 그렇다면 예수 그리스도가 우리를 위해 직접 하셨던 응답, 곧 하나님이 우리에게 선물로 주신 응답을 흐리거나 망각해 버릴 수 있다. 우리 스스로 드리는 찬양을 앞세우다 우리를 위해 드려진 진정한 찬양의 제사(히 2:12)를 보지 못할 수도 있다. 그러면 칼뱅이나 녹스 또는 오랜 스코틀랜드 전통인 로버트 브루스(Robert Bruce)의 성찬 설교에서 발견하는, 초기 개혁파의 성찬 이해도 상실한다.' 우리는 또한 복음이 주는 위안의 상당 부분도 잃어버린다. 하나님은 우리 힘으로 말씀에 반응하도록 우리를 내

♦ 로버트 브루스(1554-1631)는 스코틀랜드의 목회자였으며 스코틀랜드 교회 의장으로 활동하기도 했다. 스코틀랜드의 명망 있는 가문 출신으로 설교나 교회 정치 등에 있어서 큰 업적을 남겼다. 저자가 언급한 설교『성찬의 신비』(*Mystery of the Lord's Supper*)는 1650년 에든버러에서 출판되었다.

버려 두시지 않는다. 하나님은 우리를 위해 또한 우리 안에서 적절한 반응을 형성하시고자 예수 그리스도와 성령을 주심으로써 우리의 약함을 도우신다. 우리는 갈라디아서 2:20을 살짝 바꿔서 이렇게 이야기할 수 있지 않을까? "우리가 기도하나 우리가 기도하는 것이 아니요. 오직 내 안에 그리스도께서 나를 위해 기도하시는 것이라. 우리가 육체 가운데서 기도하는 것은 우리를 사랑하사 우리를 위하여 자기 자신을 버리신 그분의 신실함으로 기도하는 것이라."

그리스도의 예배는 '놀라운 교환'(wonderful exchange) 덕분에 우리의 예배가 된다.
기독교 복음은 화해의 복음이고, 이 개념은 모든 예배의 핵심에 소중히 간직되어 있다. 은총으로 하나님이 우리를 자기와 화해하게 하실 때, 놀라운 교환이 이루어지게 하심으로써 우리를 놀라운 교제의 생명으로 들어 올리신다. 따라서 바울 사도는 고린도후서 5:18-21에서 말한다. "하나님께서 그리스도 안에 계시사 세상을 자기와 화목하게 하시며." 그런데 어떻게 하나님은 이를 행하셨는가? "하나님이 죄를 알지도 못하신 이를 우리를 대신하여 죄로 삼으신 것은 우리로 하여금 그 안에서 하나님의 의가 되게 하려 하심이라."

칼뱅이 『기독교 강요』 4권에서 주장했듯 이러한 생각은 그리스도가 자신의 것을 우리에게 주시려고 우리의 것을 취하셨다는 '미리피카 콤무타티오'(*mirifica commutatio*), '놀라운 교환' 개념에 잘 각인되어 있다. 그리스도와 우리 사이에 일어나는 놀라운 교환은 성례 신학의 핵심이자, 특별히 성찬 신학의 중심이다. 그리스도는 우리의 깨지고 죄악 된 인간성을 취하셔서 우리의 인간성을 정결하게 하신다. 그분은 자신을 거룩하게 하는 성부와의 교제하는 삶뿐만 아니라 자신의 순종, 죽음 그리고 부활로 우리의 인간성을 깨끗하게 하신다. 그리고 지금 그리스도는 성령의 능력 안에서 자기 자신을 우리에게 선물하고자 오신다. 그분은 자기 안에서 새로워진 우리 인간성을 돌려주며 오신다. "받아먹으라. 이것은 너희를 위하여 부서진 내 몸이다." 우리는 그리스도를 받으면서 이 놀라운 교환을 감사로 인정한다. 우리가 먹는 몸은 그리스도가 우리를 위해 취하신 몸이다. 그리스도가 단번에 자기를 드리심으로 말미암아 우리는 예배에서 성화된다. 이 놀라운 교환 덕분에 성령의 교제 안에서 다음과 같은 교환도 일어난다. 그리스도의 인간성은 그토록 자비롭게 취하셨던 우리의 인간성이고, 그리스도의 죽음은 우리가 앞으로 볼 죽음이며, 그리스도의 삶은 그분이 다시 오실 때까지 우리의 삶이며, 그리스도가 자기를 드리신 것은 우리의 자기 드림이며, 아버지와 그리스도의 교제는 성령으로 그분이 들어 올리신 우리의 교제다. 복음적 규례로서 성찬은 복음의 내적 의미를 매우 생생하게 간직한다(『기독교 강요』 4.17.2).

칼뱅은 여기서 단지 복음의 의미만이 아니라, 그리스어 단어로 화해의 의미도 설명한다. 그리스어 단어 '카탈라세인'(*katallassein*)은 '교환을 실행하다', 무언가를 '사다', '다른 것을 위해 무언가를 교환하다'라는 뜻을 가진다. 따라서 이 단어는 원한과 우정, 증오와 사랑, 적대감과 평화를 서로 교환하는 행위, 즉 '화해'를 의미한다. 사도가 말했듯 이것은 그리스도 안에서 하나님이 우리를 위해 하신 일이다. 예수님은 우리에게 사랑과 용서를 교환해 주시려고 스스로 우리의 적대감을 짊어지셨다. 의를 우리와 교환하시려고 우리의 죄를 짊어지셨다. 영원한 삶을 우리와 교환하시려고 우리의 죽음을 짊어지셨다. 따라서 우리는 "그분의 모든 혜택으로 옷 입혀져서" 그분을 겸손하고 기쁘게 받아들인다.

축사(consecration)와 성찬(communion). 예수님은 아버지와의 놀라운 교제(wonderful communion)를 우리와 나누시고자 놀라운 교환을 시행하신다. 이것은 성찬 예배(communion service) 순서에 소중히 간직되어 있다. 성찬 식탁에 예배하러 나올 때 우리는 자신을 주님께 바치러 온다. 그러나 우리의 삶이 몹시 무가치하고, 깨지고, 죄로 가득하다는 사실을 고려하면 우리가 무엇을 주님께 드릴 수 있을까? 말씀이 선포된 후 빵과 포도주가 우리 눈앞에 놓이고 축사를 받는다. 이때 빵과 포도주는 우리가 자신을 주님께 드리는 행위를 가리키는 기호가 아니라, 약 1,900년 전 우리의 생명을 취하신 하나님의 아들을 기념하는 기호이다. 그분은 죄로 물든 우리 육체의 몸, 정신, 영혼을 취하셨다. 그리고 이것들을 자신의 인격 속에서 거룩하게 하셨고, 우리로서는 바칠 수 없는 단 하나의 제물을 우리 이름으로 바치셨다. 우리를 위해 바쳐진 그 위대한 제물을 기억하도록, 우리가 자신을 드리는 일은 잠깐 제쳐 둔다. 하지만 성찬 예배는 여기서 끝나지 않는다. 천상에서 우리의 영원한 제물이 되시는 바로 그 그리스도가 자신을 선물하시며 우리에게 오셔서 말씀하신다. "받아먹으라. 이것은 너희를 위한 내 몸이다." 그분은 우리의 찬양과 감사의 자기 드림과 더불어 우리를 자신과의 교제 속으로 들어 올리신다. 그분은 자기 안에서 회심하여 새로 태어난 우리의 삶을 우리에게 돌려주신다. 이러한 복음적 이유 때문에 축사한 후에 성찬이 뒤따라오는 것이 아닌가? 다시 한번 갈라디아서 2:20을 각색하여, 우리는 성찬의 식탁에서 이렇게 말할 수 있을 것이다. "우리가 자신을 주님께 드리나 우리가 드리는 것이 아니요. 오직 우리를 위해 자기를 바치시고 우리의 제물이 되시는 그리스도께서 드리시는 것이라. 우리가 육체 가운데서 제물을 바치는 것은 우리를 사랑하사 우리를 위하여 자기 자신을 주신 그분의 신실함으로 드리는 것이라."

"우리가 바치지만… 그것은 우리의 것이 아니다. 그것은 그리스도의 것이다." 최소한 이것이 로마 가톨릭이 미사에서 말하고자 하는 참된 의도다. "이것은 빵이다.… 그러나 갑자기 우리는 이것이 빵이 아님을 안다. 이것은 그리스도다!" 이 말 이면에 복음적 의도가 있다. 그러나 우리 개혁파 시각에서 볼 때, 옛 중세 교리 화체설은 이를 잘못된 방식으로 말했다. 화체설은 축사할 때 일어나는 '콘베르시오'(conversio, 변화)의 순간을 물질 성분에서 벌어지는 일로 만들어 버렸다.* 물론 축사는 사제의 행동을 통해 일어나는 하나님의 행위다. 그러나 이것 역시 펠라기우스적 방식으로 은총의 복음의 핵심을 흐려 버린다. 즉 예수님이 대신하여 자신을 축사하셨고, 거기에 우리 인간성의 진정한 '콘베르시오'가 자리 잡는다. 우리를 하나님의 형상으로 새롭게 하는 성령을 통해 우리는 그분의 삶과 죽음과 부활

♦ 라틴어 '콘베르시오'(conversio)는 흔히 회개로 번역되지만 방향 전환, 전환, 변화 등의 뜻도 있다. 여기서도 저자는 예전의 맥락에서 이중의 의미가 있는 단어를 의도적으로 사용한다.

에 참여함으로써 유일한 대제사장이 단번에 하신 일에 참여한다. 칼뱅과 로버트 브루스는 빵과 포도주의 다른 모든 일반 용도로부터 이 거룩한 용도와 신비를 구분했다. 그들은 빵과 포도주의 요소가 '사용'되는 데 '변화'가 있다고 이야기할 수 있었지만, 물질적 요소 자체가 변했다는 의미로 말하지는 않았다.

최후의 만찬에서 예수님은 빵을 들어 올리시며 말씀하셨다. "이것은 내 몸이다"(hoc est corpus meum). 이 말을 해석하느라 기독교 교회에는 로마 가톨릭, 루터파, 개혁파 전통 사이에 큰 분열이 일어났다. 이 논쟁은 지금도 계속되고 있고, 슬프게도 지금도 분열의 원인이다. 그러나 서구 기독교의 중요한 전통 셋이 지난 450년 동안 다음의 두 가지를 여전히 공유한다는 사실이 중요하다. 첫째, 우리는 예수 그리스도가 실제로 현존하심을 믿는 데서 연합한다. 우리는 부재하는 그리스도를 예배하지 않는다. 축제로서 성찬은 단지 과거 사건인 그리스도의 죽음을 추모하는 일이 아니다. 이것은 우리가 앞서 논의했던 경험 모델의 약점이다. 둘째, 우리는 전체 그리스도(the whole Christ)와 교제함을 믿는 데서 연합한다. 우리는 루터가 말했듯 "벌거벗은" 그리스도(nudus Christus), 즉 인간성을 잃어버린 신적 그리스도와 교제하는 것이 아니다. 우리는 삼위일체의 제2격이신 하나님의 아들만이 아니라, 성육신하신 주님과 교제한다.[5] 우리가 사용하는 언어로 설명하면, 우리의 대제사장이신 예수 그리스도는 우리의 인간성 안에서 단 한 분 참예배자시다. 그분은 자신과 성부의 교제를 나누어 주시고자 우리를 들어 올리시고, 우리를 왕 같은 제사장으로 만드신다. 이것은 우리가 그리스도의 예배와 우리를 대신하여 자기를 드리신 것을 나누어 받도록 하기 위함이다. 전체 그리스도 혹은 예수 그리스도가 어떻게 빵과 포도주에 현존하시는지 신학자들이 표현하고자 노력할 때 차이가 생길 수밖에 없다. 화체설도 있고 공재설도 있다. 그리스도가 "현존하는 방식으로 계시지만, 부재하는 방식으로도 계신다"(quodammodo praesens et quodammodo absens-칼뱅)라는 개혁파 주장도 있다. 이처럼 성찬에서 그리스도의 현존에 관해 설명하는 여러 방식이 생겨난다. 물론 **어떻게**라는 질문이 중요하지 않은 것은 아니다. 하지만 우리는 언제나 **누구**라는 관점에서 답을 찾으려 해야만 한다. 예를 들어 어떻게 그리스도의 실제 현존(real presence) 교리를 그분의 종말론적 부재(eschatological absence)와 함께 설명할까? 그리스도는 부활하신 인간성 속에서 '다시 오실 때까지' 우리가 기억하고 또 드러내 보여야 할 승천하신 주님으로서 성찬에 현존하신다. 우리는 그리스도의 (종말론적) 부재를 상실할 정도로 그분의 실제 현존을 강조해서는 안 되고, 그분의 실제 현존을 잃어버릴 정도로 부재를 강조해서도 안 된다. 바로 이 지점에서 지금 그리고 아직(the now and the not yet)을 해석하는 데 성령론이 중요하다. 예수 그리스도는 성령의 능력 안에 현존하신다. 그러나 바로 그 성령이 미결정 상태(suspensio)에서 우리를 지키신다. 마지막은 아직 오지 않았다. 지금 우리는 전체 그리스도이신 예수 그리스도와의 참교제를 즐기는 하나님의 자녀다. 우리가 되어야 할 바는 아직 이루어지지 않았다. 그렇지만 그리스도께서 나타나실 때 우리는 그분처럼 될 것이며, 그분과 끝없는 교제를 즐길 것이다. 하지만 그리스도가 성령의 능력 안에 현존하신다는 말은 단순히 은유적 의미에서 우리가 그리스도를 영적으로 먹고사는 것을 의미하지 않는다. 실로 우리는 믿음으로 그리스도를 먹고사는 것이 아니다. 그리스도는 우리를 먹이시고 천상의 간구로 성부와의 교제 안에서 우리와 연합하시고자, 성령의 능력 안에 진정으로 현존하신다.

다시 한번 본회퍼의 언어를 쓰자면 우리는 **어떻게**가 아니라 **누구**의 질문을 우선해야 한다. 그리스도의 현존 방식을 이해하는 것보다 더 중요한 것은 현존하는 그리스도가 누구시냐는 깨달음이다. 그리스도가 단번에 무엇을 하셨는가? 자신의 대리적 인간성 안에서 그리스도가 우리를 위해 계속하시는 일이 무엇인가? 대제사장으로서 자신의 몸에 양분을 공급하시고, 우리를 성부와의 교제로 초대하시고, 우리가 서로 교제하도록 하시면서 그리스도는 무엇을 하시는가? "많은 우리가…다 한 떡"이지 않은가.♦ 우리가 누구라는 질문에 집중할 때, 우리는 자기 자신을 향했던 눈을 그리스도께로 돌린다. 그리고 그리스도가 우리를 거룩하게 하시고 우리를 거룩한 아버지의 현존 속으로 함께 이끌어 가심을 기뻐한다.

예배에 관한 더 좋은 공통의 이해를 위해 B.C.C. 위원회에서 위대한 삼위일체 교리로 되돌아가고, 그리스도 안에서 우리의 하나 됨을 발견하는 데 함께 주의를 기울이기로 했다는 점은 매우 중요하다. 삼위일체와 그리스도에 관심을 둘 때 우리 안에서 그리고 우리를 통해서 교제하시려는 하나님의 놀라운 목적도 은총으로 실현될 수 있다. 던스 스코투스의 표현을 빌리면 우리가 하나님의 생명과 세상을 향

♦ 고전 10:17.

한 사랑에 참여하면서 '함께 사랑하는 자'(*condiligentes*)가 되게 하시려는 바로 그 목적이 현실화될 수 있다.

4장

젠더, 섹슈얼리티 그리고 삼위일체◆

- 이 장에서 gender와 sexuality를 젠더와 섹슈얼리티로 표기하기로 한다. 이는 젠더와 섹슈얼리티를 대체할 적절한 번역어를 찾기 쉽지 않고, 오늘날 학계나 일상생활에서도 흔히 이 개념들을 번역하지 않고 사용하기 때문이다. 이 단어들의 개념적 정의가 쉽지 않기는 하지만, 일반적으로 성(sex)은 생물학적 성을, 젠더는 사회문화적으로 구별된 성별을, 섹슈얼리티는 성에 대한 가치관과 성욕과 성생활과 성적 취향 등을 아우르는 '성적인 것 전체'를 의미한다.

나는 오늘날 교회의 삶을 위해 삼위일체 교리의 중요성을 되찾아야 한다고 강조하며 여러 이유를 제시했다. 계약의 신이 아니라 언약의 하나님이라는 더 나은 신론, 예배에 관한 더욱 성경에 충실한 이해, 덜 개인주의적인 인간론 등을 거론했다. 하나님과의 교제와 서로 간의 교제를 누리는 인격의 공동체를 이룰 수 있도록 은총의 하나님의 목적 안에서 우리의 인간성과 운명을 이해하고자 했다. B.C.C. 위원회에서 했던 것처럼 오늘날 많은 신학자가 "잊힌 삼위일체"로 돌아올 것을 호소하며, 이 방향을 가리키고 있다는 점은 고무적이다. 그러나 반대 방향을 가리키는 목소리들도 있다.

전 세계 많은 교회에서 하나님을 지칭하며 사용하는 언어에 관한 문제가 광범위하게 논의 중이다. 이 문제를 특별히 페미니스트 운동이 제기했다. 우리가 아버지와 아들로서 하나님에 관해 이야기하고 하나님의 아들이 인간의 아들이 된 것이 '인간의 아들들'인 우리가 '은총으로 하나님의 아들들'이 되기 위함이라는 말은, 남성적이고 성차별적이고 가부장적인 언어를 하나님에 투사한 것이 아닌가? 이것은 성경과 그 후 수 세기 동안 내려온 남성 지배적 문화의 산물이 아닌가? 만약 우리가 남성적 언어를 사용한다면, 하나님에 관한 여성적 언어와 여성적 이미지도 쓸 수 있지 않을까? 또한 하나님의 마음 안에 있는 사랑과 동정심을 더 충만히 표현하고자 모성 개념을 추가할 수도 있지 않을까? 게다가 실제로 우리의 예배에서 남녀를 포괄하는 언어(inclusive language)를 사용하고자 하는 관심도 일고 있다.

나는 최근 세계 여러 곳에서 강의와 설교를 했다. 그러면서 뉴질랜드, 호주, 캐나다, 미국에서 이 문제로 교회와 학교들이 심각하게 분열된 것을 보았다. 1993년 11월 미네소타주 미니애폴리스에서 '여성과 연대하는 교회의 시대'(Decade of the Church in Solidarity with Women)라는 콘퍼런스가 열렸다. 그 콘퍼런스는 남성 중심적 사회에서 여성의 관심을 표현할 새로운 하나님의 이미지들을 공개적으로 요구하는 "하나님, 공동체, 교회를 다시 상상하기"(Re-Imagining God, Community and the Church)라는 주제로 열렸다. 27개국에서 2천 명 넘는 사람이 참여했고, 그들 중에는 장로교, 감리교, 성공회, 루터교, 침례교, 로마 가톨릭을 비롯한 주요 교단 출신들이 포함되어 있었다. 가장 많은 사람(409명)이 참여한 교단은 콘퍼런스 운영을 위해 6만 6천 달러를 기부한 미국 장로교회(Presbyterian Church, USA)였다. 이 콘퍼런스에서 하나님에 관한 전통적 삼위일체 언어에 문제를 제기하는 극단적 주장들이 나왔다. 이는 미국 전체에 광범위한 우려와 격분을 불러일으켰다. 그 결과 장로교 중앙 기금에서 1천 1백만 달러가 빠져나갔다. 특히 많은 복음주의 교회들이 기금을 회수했다. 콘퍼런스의 세부 사항에 대해 논평하는 것이 나의 관심사가 아니다. 여기서 나는 단지 하나님에 관한 삼위일체의 언어가 적절한지에 대한 질문이 총체적으로 던져졌다는 점에 주목하고자 한다. 이러한 일의 결과로 미국 장로교회 총회가 1994년 6월 캔자스주 위치토에서 모였을 때 수천 통의 항의 메일이 왔고, 50개가 넘는 장로교회와 위원회가 이의를 제기했다. 이에 대한 응답으로 총회는 다음을 인정했다.

교회의 구성원 중 상당수가 불쾌해하고 실망하고 상처받았으며 분노했다. 왜냐하면 그들은 미국 장로교회가 더는 전통 신학의 계류장(moorings)에 머물지 않거나 그렇다고 말하기를 두려워한다고 믿기 때문이다. 이런 노회에 대한 응답은 우리의 장로교 신앙고백의 기준들, 특별히 콘퍼런스에서 비판과 조롱을 받았던 기준들을 기쁘고 감사하게 확증하는 것이다.

- 우리는 유일하신 삼위일체 하나님을 확증한다.
- 우리는 예수 그리스도 안에서 하나님의 성육신이 특별함을 확증한다.
- 우리는 우리의 구원을 위한 예수 그리스도의 죽음과 부활을 확증한다.
- 우리는 성령에 의해 성경이 예수 그리스도에 관한 특별하고 권위 있는 증언임을 확증한다.
- 우리는 니케아 신경, 사도신경, 그 외 우리 교회의 역사적 신앙고백 속에서 전해졌고 역사적으로 표현되었던 신앙을 거듭 확증한다.
- 우리는 우리 신앙의 유산을 부정하는 가르침들을 거부한다. 신학이 중요하다는 데 어떤 의심도 없게 하라. 우리의 개혁주의 전통이 우리에게 중요하다는 데 어떤 의심도 없게 하라. 우리가 이것을 다음 세대인 우리의 자녀와 후손들에게 전달하려 한다는 것에 어떤 의심도 없게 하라.

이 선언은 오직 네 명만 반대하여, 98.9퍼센트의 찬성으로 통과했다. 이 선언은 예수 그리스도의 특별함과 우리의 신앙과 예배의 삼위일체적 본성을 확증한다. 이것은 오늘날 교회의 상황에서 매우 힘 있고 중요한 선언문이었다.

하지만 나는 두 가지 사항에 대해 언급하고자 한다. 첫째, 예수 그리스도의 특별함과 우리 신앙과 예배의 삼위일체적 본성이 이토록 공격받는 시대에, 이런 위대한 교리들을 확증만 하는 것은 내가 보기에 충분치 않다. 이 교리들을 어떻게 이해해야 하는지, 특별히 평신도를 포함한 우리의 교회가 이 교리들의 중요성을 깨닫는 일을 어떻게 도울지를 고민해야 한다. 그렇다. 신학이 중요하다! 둘째, 교회는 현재 논란이 되는 신학 문제들을 공개하고 이 문제들을 공격하는 사람들이 가진 전제의 진상을 밝혀서 이에 대해 반응해야 한다. 주류 교회 사람들의 말을 들어 보니 그 문제들은 사라지지 않을 것이다. 우리는 반대를 무시하거나 그 문제들을 은폐할 수 없다. 모든 세대를 거쳐 교회는 신앙을 위해 싸웠다. 삼위일체 교리는 교회의 신앙과 예배의 문법이다.

이 주제는 매우 광범위하고, 우리가 할 수 있는 일은 현재 논란이 되는 신학 문제의 일부를 보여 주는 것이다. 우리의 교회들이 심각하게 분열되지 않으려면, 은총의 복음을 위해 싸우려면, 우리의 신앙과 예배 공동체로서 교회의 삼위일체적 본성을 지키려면, 이러한 문제들은 반드시 제기되어야 한다. 교회는 성령에 의해 성자가 성부와 누리는 교제에 참여하도록 그리고 세상을 향해 성부가 보내신 성자의 파송에 참여하도록 부름을 받은 예배 공동체다.

오늘날의 아리우스주의-니케아주의 논쟁

얼마 전 나는 한 학교에서 예배 신학을 강의했다. 그 학교는 신학적으로 심각하게 분열되어 있었다. 그 갈등은 부분적으로는 교수 중 일부가 극단적 자유주의 페미니스트였기 때문에 일어났다. 한 남학생이 수업 시간에 내게 물었다. "교수님은 삼위일체를 믿고, 하나님을 성부와 성자와 성령이라 말하고, 하나님의 아들이 사람의 아들이 되었다고 주장하면서 성차별주의자가 아닐 수 있습니까?" 나는 우선 그가 매우 중요한 질문을 했다고 말하며 답변을 시작했다. 우리는 하나님에 관한 언어를 어떻게 사용하는가? 우리는 어떻게 그분을 선하고, 사랑이 많고, 신실하고, 정의롭다고 부를 수 있는가? 이것은 수 세기를 내려오며 논의되었고 유비(analogy)와 은유(metaphor), 직유(simile), 비유(parable), 알레고리(allegory) 등에 관한 질문을 총체적으로 불러온다. 다른 어느 시대보다 오늘날 이 질문이 더 중요해졌다. 그리고 그 학생이 제기한 주제는 교회 역사상 가장 격렬했다고 할 만한 논쟁에서 심도 있게 논의되기도 했다. 그것은 니케아 교부들과 아리우스의 추종자들 사이의 논쟁이었고, 이는 지금껏 형성되었던 에큐메니컬 신경 중 가장 중요한 니케아 신경을 형성했다.

그 논쟁은 결국 무엇에 관한 것이었나? 아리우스주의자들은 삼위일체론과 그리스도의 신성을 부인했다. 아리우스는 "'아버지'와 '아들'이 무엇을 의미하는가?"를 질문했다. 학생들에게 나는 앨런(Alan)이라는 아들이 있다고 말했다. 나는 아버지가 아니었던 때가 있었다. 그러다 나의 아내가 임신했고 앨런이 태어났다. 이처럼 내 아들이 존재하지 않았던 때가 있었다. 만약 '아버지'와 '아들'을 이렇게 생물학적이고 생식과 관계된 용어로 정의한 뒤에 아리우스처럼 이를 하나님께 투사한다면, 우리는 꽤 일관성 있게 하나님이 성부가 아니었던 때가 있었다고 주장할 수 있다. 하나님은 성자를 창조했을 때에야 비로소 성부가 된 것이다. 마찬가지로 성자가 없었던 때도 있었다. 성자는 하나님이 그를 창조했을 때에야 비로소 존재하게 되었다. 따라서 아리우스는 삼위일체론을 부정했고, 실제 하나님을 아버지라고 거의 부르지 않았다. 마찬가지로 그는 성자는 피조물이었다고 주장했고 그래서 그리스도의 신성을 부정했다. 니케아 교부들은 니케아 신경의 언어로 표현되었듯 다음과 같이 응답했다. "이는 우리가 아버지와 아들이라고 말할 때 의미하는 바가 아니다. 그분은 영원부터 성부셨고, 영원부터 성자를 낳으셨다. 성자는 영원부터 아들이셨고, 영원부터 성부에게서 태어나셨지 만들어지시지 않았다." 아타나시우스는 아리우스에게 말했다 "당신은 자신의 이미지를 하나님께 투사한 신화를 말하는 사람(*mythologein*)입니다. 우리는 신화가 아니라 신학을 합니다(*theologein*)."[1]

아타나시우스는 신학의 과제가 무엇이어야 한다고 이해했는가? 마태복음 23:9에 예수님이 제자들에게 하신 말씀이 있다. "땅에 있는 자를 '아버지'라 하지 말라. 너희의 아버지는 한 분이시니 곧 하늘에 계신 이시니라.…너희 중에 큰 자는 너희를 섬기는 자가 되어야 하리라."✝ 우리 주님이 무엇을 말씀하시는가? 그분은 남성이 여성을

✝ 저자는 여기서 마태복음 23:9과 함께 11절도 인용한다.

지배하면서 여성을 때로는 종이나 성적 대상으로 삼는 문화에서 '아버지'라는 단어가 가부장적이고 성차별적임을 인식하고 계신다. 예수님은 하나님은 그렇지 않으시다고 말씀하신다! 예수님은 하나님을 "아버지"라고 부를 때 달라붙는 남성적이고 성차별적이며 가부장적인 함의 모두를 떨쳐 버리신다. 그분은 다른 곳에서 이렇게 말씀하신다. "나를 본 자는 아버지를 보았거늘"(요 14:9). "내 아버지께서 모든 것을 내게 주셨으니 아버지 외에는 아들을 아는 자가 없고 아들과 또 아들의 소원대로 계시를 받는 자 외에는 아버지를 아는 자가 없느니라"(마 11:27). 예수님만이 성부를 진정으로 아시며, 성부는 우리도 자신을 알게 하시기 위해서 예수님을 파송하신다. 이를 위해 예수님은 종의 형체를 취하시고 십자가로 가시기까지 사랑으로 충만한 순종의 삶을 사셨다. 우리를 위해 예수님은 십자가에서 아버지 됨이 무엇인지 정의하셨다. 우리의 생물학적이고 성차별적인 '아버지'의 이미지를 하나님께 투사하도록, 즉 '신화화하도록'(mythologize) 하나님은 우리를 내버려 두시지 않았다. 기독교 교회는 결코 하나님을 단순히 "아버지"라고 부른 적이 없다. 교회는 언제나 하나님을 "우리 주 예수 그리스도의 아버지"로, "하늘과 땅에 있는 각 족속에게 이름을 주신 아버지"(엡 3:14 이하)로 불렀다. 신학에서 성부 하나님에 관한 우리의 지식은 예수 그리스도 안에서 하나님의 자기 계시에서 나왔다. 어떤 극단적 자유주의 페미니스트들은 '아버지'라는 단어에 예수님이 불어넣으셨던 모든 내용을 외면하면서, 성차별주의적이고 가부장적이라면서 그 단어를 없애 버리려 하는 위험한 모습을 보인다. 이것은 사실상 예수님을 신화쟁이(mythologizer)로 고발하는 셈이다. 이

제 다시 수업 시간의 질문으로 돌아오자. 남학생의 질문에 나는 이렇게 답했다. 만약 그들이 내가 삼위일체를 이야기하기 때문에 나를 성차별주의자로 비난한다면, 사실 그들은 나를 아리우스주의자라고 비판하는 것 아닌가? 그러나 만약 그들이 그 단어가 가부장적이고 생물학적이며 성차별적이라고 주장한다면 아마 그들이 아리우스주의자들일 것이다. 삼위일체론은 성차별주의적이기는커녕 그와 정반대다. 니케아 신경에서 보듯, 고대 교회는 모든 성차별주의적 관념에 대항하면서 삼위일체론을 고심하여 형성했다. 그들은 하나님께 성이 없으시다는 점을 분명히 했다. 하지만 하나님은 자신을 계시하시면서 인간의 언어를 취하시고 자기 자신을 '아버지'라고 명명하셨다. 이것은 인간의 은유도 아니고, 우리가 하나님께 투사한 개념은 더욱 아니다. 이것은 이름이다. 그러나 이 이름도 인간의 부성과 비교하고 대조하면서 유비적으로 해석해야 하고, 특별히 예수 그리스도의 삶과 사역의 빛 아래서 해석해야만 한다. 이것이 신학의 과제다.[2]

남성 주도적이고 성차별주의적인 문화가 남성 이미지를 하나님에게 투사한다는 비판과 함께, 성부와 성자와 성령이신 하나님에 관한 이야기 자체가 성차별적이라는 고발도 오늘날 일어나고 있다.[3] 이런 관점에서 볼 때 나는 니케아 논쟁이 오늘날 근본적으로 중요하다고 생각한다. 여성의 이미지와 같이 하나님에 관한 새로운 이미지가 필요하다는 주장이 들린다. 이것은 미니애폴리스에서 열렸던 "하나님, 공동체, 교회를 다시 상상하기"라는 콘퍼런스의 핵심 주제였다. 이러한 제안 이면에는 '소피아'(*Sophia*, 지혜를 뜻하는 그리스어 여성형 단어)가 우리 예배의 대상을 묘사하는 데 사용되어야 하고, 우리의 어머니 되신 그녀에게 기도를 드려야 한다는 주장이 있었다.

이러한 극단적 자유주의 접근 이면에는 하나님은 알 수 없는 분이라는 전제가 깔려 있다. 우리가 하나님을 묘사할 수 있는 이미지와 언어를 찾거나, 도덕적이고 종교적인 경험을 해명하기 위해서는 우리 자신의 경험과 영성의 심층을 탐구해야만 한다. 이것은 고대 세계에서 아리우스가 가졌던 기본 전제이자, 이마누엘 칸트뿐만 아니라 슐라이어마허 이후 불트만 그리고 반실재론을 주장한 돈 큐핏(Don Cupitt)에 이르기까지 오늘날 칸트의 후계자들이 가진 전제다. 내가 개신교 자유주의 모델이라 부른 이러한 입장은 표 4의 도표로 압축적으로 표현할 수 있다.

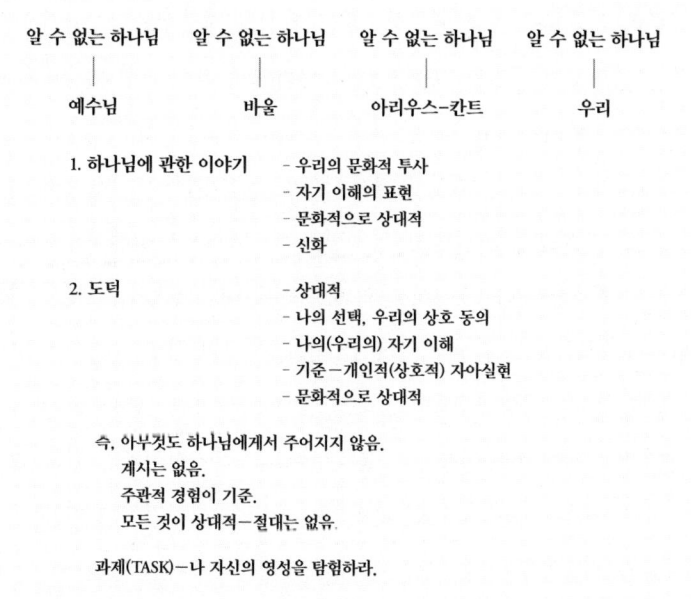

표 4 개신교 자유주의 모델

페미니스트 논쟁에서 올바른 길과 그릇된 길

오늘날 많은 페미니스트가 하나님에 관한 새로운 이미지를 요구한다. 그 이면에는 실로 진실하다고 말할 수밖에 없는 그들의 정당한 저항과 정의를 향한 울부짖음이 있다. 수 세기 동안, 아니 처음부터 교회는 거의 남성 주도적이었고 가부장적이었으며 위계질서하에 있었던 것이 사실이다. 여성들은 안수받는 사역에서 배제되었고 특별한 직위를 맡는 데서도 제외되었다. 오직 남성만이 남자였던 예수님을 대표할 수 있다는 잘못된 주장이 통용되었다. 그러나 이 주장은 성육신에 대한 부적절한 이해를 보여 준다. 우리의 인간성을 취하셔서 하나님의 아들은 인간이 되셨다. 그분은 남성성이 아니라 우리의 공통된 인간성을 거룩하게 하고자 인간성을 취하셨고, 그 결과 남성과 여성으로서 우리는 그분 안에서 성화된 우리 인간성의 존엄과 아름다움을 볼 수 있다.

게다가 수 세기를 거쳐 오면서 너무도 많은 여성이 남성에게 이용당하고, 학대받고, 버림받고, 상처받고, 이혼당하고, 경제적으로나 성적으로 착취당했다. 그래서 정의와 평등에 대한 정당한 요구와 함께 남성에 대한 분개와 분노, 신랄한 비판, 심지어 혐오가 파도처럼 일어난다. 많은 여성이 '아버지'라는 단어에 추악한 이미지를 떠올릴 정도로 가정에서 불행한 일들을 경험했다. 비극적이게도 아주 많은 아이가 자기가 아는 유일한 아버지가 알코올 중독자거나 아내나 가족을 학대한 사람이다. 이런 이유로 우리를 위해 예수 그리스도가 하나님으로서 인간으로서 진정한 아버지 됨에 관해 해석하시도록 하는 일이 더욱 중요해진다. 우리는 바울의 명령을 생각할 수 있다. "내가 간구하오니, 나의 형제자매들이여 하나님의 자비에 눈을 크게 뜨고서, 지성적 예배(intelligent worship)의 행위로서 여러분의 몸을 성별되고 받아들일 만한 산 제물로 그분께 드리십시오. 여러분 주위의 세계가 그 자신의 틀에 여러분을 끼워 맞추게 하지 마시고, 하나님이 내면에서부터 여러분의 마음을 새롭게 빚도록 하십시오. 이는 여러분을 향한 하나님의 계획이 선하고, 그분의 요청에 부합하며, 진정한 성숙의 목표를 향해 움직인다는 사실을 실천적으로 증명하기 위함입니다"(롬 12:1-2, J. B. Phillips). 우리는 신약성경이 증언하는 예수 그리스도 안에서 우리에게 주신 성부와 성자의 관계의 신비를 깊이 성찰하면서, 아버지와 아들에 관한 우리의 개념을 하나님이 다시 빚으시도록 해야 한다.

기독교 사상사를 되돌아보면, 하나님 '아버지'라는 단어는 부동의 동자, 무감정의 하나님, 비인격적 속성을 가진 고정된 실체, 서구 법학과 정치학의 '렉스'(lex, 법) 특히 계약 법 개념으로 이해된 법률 수여자라는 잘못된 신 개념과 자주 결합하는 양상을 볼 수 있다. 특히 법률 수여자로서 하나님 개념은 인간이 공로를 쌓아야 자비를 베푸는 계약의 신을 상정하는 스토아주의에 뿌리내리고 있다. 그러니 매우 불만족스러워하는 아버지로서 하나님의 이미지가 생겨나는 것도 놀랍지 않다! 종종 문제가 되는 것은 '아버지'라는 단어가 아니라, 그 단어에 담긴 의미의 꾸러미다. 따라서 많은 동시대 신학자들과 교회가 "잊힌 삼위일체"를 재발견해야 한다고 요청한다. 신학이 중요하다. 만약 교회가 이 책무를 무시한다면, 우리는 '알지 못하는 하나님'

의 제단으로 가는 유니테리언적이고 인간 중심적인 예배와 신아리우스주의(neo-Arianism)의 거친 파도를 목격할 것이다.

여성 해방을 추구할 때 교회가 취해야 할 바른 접근은 성육신에 기초한 방식이라고 나는 생각한다. 세상을 향해 예수 그리스도를 내세우는 것은 단지 전도하며 우리의 구원과 영생을 앞세우는 것이 아니라, 모든 사람에게 그들의 인간성을 선사하는 일이다. 성육신이 무엇을 의미하건, 성육신은 다음의 것들을 보도록 할 것이다. 유대인이든 이방인이든, 흑인이든 백인이든, 남성이든 여성이든, 모든 사람과 모든 인종의 인간성을 그리스도가 취하실 것이며, 그들의 인간성이 성령 안에서 성부와 끊어지지 않는 친교를 하시는 그리스도의 생명으로 거룩해질 것이다. 그리고 그들의 인간성이 성부에게 "티나 주름 잡힌 것 없이" 바쳐지신 그리스도의 죽음과 부활로 거룩해지고, 교회의 선교 안에서 자신들에게 되돌아올 것이다. 예수 그리스도에 관한 교회의 증언에서 복음 전도와 인간화(humanization) 사이의 분열은 없다. 남성들과 차별 없이 여성들도 인간성의 충만한 존엄과 아름다움이 있다. 여성들은 이것을 그리스도 안에서 발견하고, 교회로부터 받아야 한다. 하지만 비극적이게도 교회는 너무나 빈번하게 예수 그리스도가 아니라 가부장적인 문화 패턴에 의해 '빚어져 왔다.'

마찬가지로 우리는 우리의 인간성을, 남성과 여성의 관계를 삼위일체의 빛 아래서 해석한다. 하나님은 사랑이시다. 사랑은 언제나 인격들 사이의 교제를 내포하고, 우리는 이것을 하나님 안에서 가장 극명하게 볼 수 있다. 성부는 성령과의 교제 안에서 성자를 사랑하신다. 영원한 상호 '내주'(*perichōrēsis*는 교부들이 사용한 그리스어 단어였다)

안에서 성자는 성령과의 교제 안에서 성부를 사랑하신다. 성령은 성부와 성자의 친교의 끈이시자 하나님과 우리 사이의 교제의 끈이시다. 성령은 사랑 안에서 자신을 주시는 하나님이시다. 성부와 성자와 성령은 동일하게 하나님이시다(autotheoi). 그러나 하나님 안에 구분, 즉 신성 안에 인격적 구별이 있다. 통일성과 다양성과 완전한 조화가 있다. 그분은 교제 속에서 존재(being-in-communion)를 가진 삼위일체 하나님이시다. 그분은 우리가 '함께 사랑하는 자'(던스 스코투스의 멋들어진 표현인 condiligentes[4])가 되도록, 삼위일체적 사랑을 나누도록, 페리코레시스적 연합 안에서 서로 사랑하도록 우리를 하나님의 형상으로 남자와 여자로 사랑 안에서 창조하셨다. "하나님이 이르시되 '우리의 형상을 따라 우리의 모양대로 우리가 사람을 만들고 ….' 하나님이 자기 형상 곧 하나님의 형상대로 사람을 창조하시되 남자와 여자를 창조하시고"(창 1:26-27).[5] 창조에서 하나님의 이러한 목적은 구속에서 충만하게 실현된다. 따라서 하나님의 형상이 의미하는 바를 이해하려면 그리스도와 그분 안의 새 창조를 봐야만 한다. "너희는 유대인이나 헬라인이나 종이나 자유인이나 남자나 여자나 다 그리스도 예수 안에서 하나이니라"(갈 3:28). 이것은 우리가 남성이냐, 여성이냐가 중요하지 않다는 말이 아니다. 우리가 남녀 중성(unisex)이 되는 것이 아니다. 만약 그렇다면 이성애자와 동성애자 사이의 차이는 무엇인가? 교회 안에서 반영되어야 하는 통일성, 다양성, 조화가 있다. 복음은 우리의 젠더 정체성을 제거하지 않는다. 그러나 남자와 여자로서 우리는 그리스도 안에서 우리의 남성적·여성적 정체성과 그 충만한 모습인 상호 교제 속에 있는 우리의 참존재를 찾는다.

베드로전서에는 다음 구절이 있다. "사환들아 … 주인들에게 순종하되"(2:18). 그리고 이런 구절도 있다. "아내들아 이와 같이 자기 남편에게 순종하라"(3:1). 교회가 노예제를 폐지하고, 그리스도 안에는 노예도 자유인도 없다는 다른 텍스트의 중요성을 인식하는 데 1,800년이나 걸렸다. 그리스도 안에 남성도 여성도 없음을 인식하고, 여성에게 남성과 같은 완전한 동등함을 부여하는 데는 아무래도 2천 년이 걸리고 있는 듯하다. 하나님의 형상으로 존재한다는 말이 의미하는 바를 이해하려면 우리는 타락한 인간이 아니라 예수 그리스도를 바라보아야만 한다. 태초에 하나님이 다음의 말씀을 하신 시점은 타락 이후였다. "또 여자에게 이르시되 내가 네게 임신하는 고통을 크게 더하리니 네가 수고하고 자식을 낳을 것이며 너는 남편을 원하고 남편은 너를 다스릴 것이니라"(창 3:16). 이 본문은 매우 잘못 사용되었다. 이것은 타락의 비극적 결과를 묘사한다. 이는 창조에서 하나님의 선한 목적에 관한 규범적 진술이 아니다. 우리는 모두 예수 그리스도에 의해 또한 예수 그리스도를 위해 창조되었다. 이러한 예수 그리스도를 우리가 남자와 여자로서 함께 바라볼 때 우리는 그분 안에서 하나이고, 그분 안에서 서로 복종하며, 그분 안에서 동등하다는 사실을 안다. 특별히 이는 교회의 여성 사역에 관한 모든 논의에서 중요한 점이다. 우리의 출발점은 예수 그리스도의 유일한 제사장 직이어야 한다. 하나의 몸인 교회 안에는 오직 한 분의 참제사장이 계신다. 그리스도 안에는 남성도 여성도 없다. 그리스도는 남성과 여성을 자신의 왕 같은 제사장직으로, 즉 교회로 부르신다. 그분은 유일한 예언자요, 제사장이며 왕이라는 자신의 사역에 성령으로 참여하도록 남성과 여성을 부르신다. 자신의 몸을 세우기 위해 그리스도는 몸의 구성원인 남성과 여성 모두에게 영적 은사를 주시려고 그들을 부르신다. 교회는 문맥에서 벗어난 성경의 고립된 본문 또는 남성이 지배하는 위계적 전통에서가 아니라, 그리스도에게서 자신의 구조를 이끌어 낸다. 내가 보기에 삼위일체, 성육신, 그리스도의 유일한 제사장직, 그리스도 안에서 새로운 창조에 관한 온당한 교리는 정교하게 정의된 급진 페미니즘에 우리가 헌신하도록 한다.

여성 해방을 추구하다 페미니스트들이 잘못 들어서는 길은 삼위일체론과 성육신론을 공격하고, 하나님이 성자의 인격을 통해 '아버지'라는 이름을 취하셔서 자기 자신을 계시하셨다는 견해를 거부하고, 대신 새로운 하나님의 이미지를 창조하고자 자기들의 고유한 여성적 영성을 탐구하는 것이다. 이것은 고대 영지주의가 걸었던 길이다. 앞서 앨런 블룸의 『미국 정신의 종말』을 언급했다. 이 책에서 그는 세속 시대 서구 민주주의에서 하나님에 대한 믿음과 도덕법의 객관성이 후퇴하면, 거기에서 자라난 개인주의가 자기실현, 자기완성, 자긍심, 인간 잠재력 개발 운동과 맞물려 자아에 대한 나르시시스트적 집착에 빠져들게 할 것이라는 주장을 펼쳤다. 그러면 종교는 뉴에이지 운동의 신영지주의에서 그 극단적 형태를 발견할 수 있는 자기완성을 위한 수단이 되어 버릴 것이다. 돈 큐핏의 반실재론에서 볼 수 있듯 신영지주의에서는 자아가 하나님과 동일시된다. 이때는 자기 자신을 아는 것이 과업이 된다. 너 자신의 정체성을 깨달아라. 우리는 우리 자신의 영성 심연에서 하나님을 발견할 수 있다. 이러한 분위기에서 우리 자신의 자기 이해와 성을 표현해 줄 새로운 하나님의 이미지가 필요하다는 호소가 일어나게 된다. "다시 상상하기" 콘퍼런스에서 여성의 호칭 기도(litany)를 준비하면서 한 급진 페미니스트가 외쳤다.[♦] "나는 내 안에서 하나님을 발견했고, 그녀를 사랑한다. 나는 그녀를 강렬하게 사랑한다." 그리고 이렇게 말했다. "새로운 신들이 필요할 때 그들이 일어난다!" 예식이 준비되었다. 그것은 '소피아' 여신과 여성의 성을 축하하고자 빵과 포도주 대신 여성의 상징인 우유와 꿀이 사용되는 예배였다.

우리의 우선적 관심은 그 콘퍼런스에 대해 논의하거나, 페미니스트에게 문제를 제기하는 데 있지 않다. 여기서 주목할 점은 오늘날 예배를 향해 가는 두 가지의 다른 길이 있다는 사실이다. 첫째는 지금껏 설명한 예수 그리스도에 집중하는 방법이다. 교제의 생명을 위해 우리를 창조하신 은총의 삼위일체 하나님이 우리를 구속하셨다. 하나님은 성부와 성자와 성령으로 알려지시고 사랑받으시고자 자기 자신을 선물로 주셨고, 우리를 위해 언약으로 맺어진 예배의 형식을 제공하셨다. 우리가 강조했듯 신약성경은 예배를 성자와 성부 사이의 교제에 우리가 성령을 통해 참여하게 하는 선물로 이해한다. 여기에서 성령은 우리를 자기 자신에 대한 나르시시스트적 집착에서 들어 올리신다. 이는 우리의 참된 인간성과 존엄을 예수 그리스도 안에서, 타자에 중심을 두는 삶 안에서, 예수 그리스도와 서로 간의 교제 안에서, 모두의 인간성을 향한 사랑의 관심 속에서 발견하도록 하기

♦ 호칭 기도(*Litania*)는 삼위일체 하나님이나 성인들의 이름을 부르고 탄원하는 형태로 이루어진 기도다. 전례 중 사제나 부제, 성가대가 선창한 후 신자들이 응답한다.

위함이다. 두 번째 종류의 예배는 자아에 중심을 둔다. 이런 예배에서 우리는 우리 자신의 형상으로 창조된 신과 자아, 우리 자신의 성을 함께 찬양한다.

이것은 바알 제사장들이 이끈 가나안 종교에서 볼 수 있었던 고대의 풍요 신 숭배가 취한 길이다. 엘리야와 같은 구약의 예언자들은 이런 예배에 대항했다. 우리는 왜 성경과 초대교회가 여성, 자웅 동체, 양성의 신들을 상정했던 특정 형태의 영지주의에 반대했는지 깨닫는다. 우리는 "다시 상상하기" 콘퍼런스가 왜 미국 교회들에 많은 경보를 울렸던 것인지 이해할 수 있다. 분명히 교회 안 대부분의 여성은 이러한 극단으로 나아가기를 원하지 않을 것이다. 그러나 여전히 다수의 여성은 왜 우리가 하나님의 사랑과 공감을 표현하고자 하나님에게 여성적 이미지를 사용할 수 없는지 물을지도 모른다. 일부는 "성부와 성자와 성령" 대신에, "창조하시는 분, 구속하시는 분, 거룩하게 하시는 분"이신 하나님을 이야기하자고 제안하기도 했다. 그러나 이러한 묘사는 한 분 하나님이 하시는 일의 업무 설명서로서, 새로운 형태의 양태론 또는 사벨리우스주의가 될 수 있다. 이것은 삼위일체 하나님의 인격들 사이에서 이루어지는 인격적 교제를 제대로 담아내지 못할 것이다.

1984년 스코틀랜드 교회에서 '교리 공부 모임에 관한 연합 여성 협회/패널'(a joint Woman's Guild/Panel on Doctrine Study Group)은 『하나님의 모성』(The Motherhood of God)이라는 제목의 소책자를 만들었다.[6] 이 책은 삼위일체론에 굳건히 서서, 성부와 성자와 성령의 언어는 협상의 대상이 아니라고 못 박았다. 그러나 이 책은 노리치의 줄리언의 사례처럼 성경과 기독교 교회의 역사에서 사용된 모성 이미지를 아주 신중하게 연구했다. 여기에서 어머니 됨이라는 개념이 예수 그리스도의 삶, 사역, 희생에서 우리에게 계시된 하나님 안의 사랑, 부드러움, 애정에 대해 더 생각해 보도록 일부 사람들을 도울 수 있다고 제안했다. 이것은 남성 지배적인 문화에서 하나님에 관한 가부장적 이미지와 언어가 너무 빈번히 사용되었음을 인지하면서, 여성들의 관심사와 페미니스트 운동의 우려 사항에 대해서도 진지하게 경청하는 방법이었다.

그러나 여전히 몇 가지 질문이 남아 있다.

- 이는 성자의 인격에서와 우리의 구속을 위한 그분의 십자가 죽음에서 보이신 아버지로서 하나님의 계시가 불충분하다는 의미인가? 그래서 하나님에게 우리 자신의 경험에서 비롯한 모성을 추가해야만 하는가?
- 이는 하나님 안에 젠더가 있다는 의미인가? 이것은 분명 오류가 아닌가? 혹은 우리가 믿듯 만약 하나님이 젠더를 넘어서신다면, 우리가 "하나님을 새롭게 상상하기" 위해 남성과 여성의 이미지 모두를 사용해야 할 정도로 하나님은 너무나도 초월적이고 형언할 수 없는 존재이신가? 이러한 논의는 "하나님에 의해서만 하나님은 알려지실 수 있다"라는 기독교 계시론에 관해 우리에게 무엇을 말해 주는가?
- 이러한 접근이 정말 페미니스트들의 대의명분에 도움이 될까? 고대 세계는 아스타르테나 아프로디테 또는 가나안 종교의 여

성 신들처럼 여신으로 가득했다. 그러나 그것이 여성들을 도왔는가? 비극적이게도 성에 대한 신성화는 성을 찬양하는 일로서 빈번히 성전 매춘으로 이어졌다. 구약성경에서 이스라엘의 예언자는 이것을 매우 잘 인지했다. 그들은 하나님이 '어머니와 유사하다'라는 아름다운 직유를 알았지만, 그들은 하나님을 결코 "어머니"라고 부르지 않았다.[7] 예언자들이 너무 가부장적이었다는 이유를 들어 이러한 사실을 무시할 수 있다고 생각하지는 않는다! 그들은 풍요 신 숭배의 위험성을 잘 알고 있었다.

- 계시의 근원들은 어떠한가? 나는 어떤 급진 페미니스트들의 이런 주장을 들었는데, 이 문제로 학교는 분열되어 버렸다. 성경에서 하나님이 자신을 아버지라는 가부장적 용어로 계시하셨음은 의심의 여지가 없지만, 오늘날 하나님은 자신을 페미니스트 운동에서 계시하신다. 급진 페미니스트들이 주장하기를, 개인의 경건 생활에서 하나님을 "아버지"라고 부르고 싶다면 그렇게 해도 좋다. 하지만 학교에서 남자와 여자가 함께 모여 드리는 예배에서 '아버지'와 '아들'과 같은 단어는 피해야만 한다. 그들의 주장에 따르면 이런 언어가 어떤 여성들에게는 공격적이기 때문이다. 이것은 제2차 바티칸 공의회에서 부정했던 로마 가톨릭교회의 옛 트리엔트 교리, 즉 계시에는 성경과 전통이라는 두 근원이 있다는 교리의 자유주의적 개신교 형태가 아닌가? 예수 그리스도 안에 오직 하나뿐인 계시의 근원이 있다. 성경과 전통의 주님이신 예수 그리스도는 복음의 전통 안에서 우리에게 오신다. 이것은 다시 진리의 기준에 관한 문제와 연관된다. 우리의 유일

한 기준이 예수 그리스도 안에서 고유하게 계시되셨고, 아타나시우스와 니케아 교부들이 고수했던 삼위일체 하나님인가? 아니면 우리에게는 매우 상대적이고 주관적인 기준만 남겨졌는가? 우리 문화에 알맞은 자기표현의 새로운 형태를 스스로 찾아내도록 우리는 방치되었는가?

신학이 중요하다는 데는 의심이 없다. 오늘날 우리는 신아리우스주의, 신영지주의의 파도를 본다. 일부 경우에는 자기를 하나님과 노골적으로 일치시킨다. 이것은 나르시시스트적 상대주의를 교회의 삶에 침투시킨다. "내가 곧 길이요 진리요 생명이니 나로 말미암지 않고는 아버지께로 올 자가 없느니라"라고 하시고 "나를 본 자는 아버지를 보았거늘"이라고 말씀하셨을 때 예수님이 의미하신 바는 무엇인가?

스킬라와 카리브디스 사이에서*

캔터베리의 대주교였던 조지 케리(George Carey)는 1994년 런던 킹스 칼리지(Kings College)의 C. S. 루이스 센터 강연에서 근본주의 혹은 포

◆ 스킬라(Scylla)는 그리스 신화에 나오는 괴물로, 이야기에 따라 조금씩 다르나 사람을 잡아먹는 매우 사납고 잔인한 모습으로 그려진다. 카리브디스(Charybdis)도 그리스 신화에 나오는 바다 괴물로, 하루 세 번 바닷물을 들이마셨다가 토하는데, 그 힘이 너무 세서 근처의 배를 난파시켜 버린다. 특별히 호메로스의 『오디세이아』에서 오디세우스는 스킬라와 카리브디스 사이 바다를 지나야 했는데, 결국 동료들을 희생하면서 둘 사이를 통과한다.

스트모더니즘에 굴복해 버리고 싶은 교회의 유혹에 관해 이야기했다.[*] 그는 오늘날 교회가 서구 문화의 항해하기 어려운 길인 스킬라와 카리브디스 사이 바다를 통과하는 위험천만한 여정에 있고 따라서 이를 위해 항해 지도를 만들어야 한다고 말했다.[8] 우리는 니케아 신경에 표현된 우리의 삼위일체 신앙을 유지하고자 싸워야 한다. 내게는 이 말이 모든 교회에 시의적절해 보인다.

오늘날 많은 교회가 한 쪽 혹은 다른 쪽으로 양극화되어 있다.

- 급진 자유주의(liberal)파가 있다. 우리는 이들 중 한 형태를 일부 극단적 페미니즘에서 볼 수 있다. 교회 생활에서 대부분 이런 투사들은 소수지만, 영향을 많이 끼칠 수 있는 위치를 차지하기도 한다. 그리고 역설적으로 그들은 권력을 사용하거나, 소위 보수 복음주의자들을 대하는 태도에서 오히려 편협할(illiberal) 수도 있다.
- 우파에는 보수 '근본주의자들'이 있다. 때로 이들은 성경을 사용할 때 율법주의적이다. 이들은 간혹 종파주의적이며 개인주의적인 모습도 보인다. 보수 근본주의는 현대성의 부정적 영향 또는 포스트모더니즘의 상대주의적 현상이라고 자신들이 판단한 것들에 대해 극단적인 태도를 보이기도 한다.

---

[*] 조지 케리는 영국 성공회 사제로 1991년부터 2002년까지 캔터베리 대주교로 활동했다. 그의 재임 기간 중 영국 성공회에서 여성 사제 서품이 처음 이루어졌다.

우리는 소위 급진 자유주의의 몇 가지 특징에 주목할 수 있다. 급진 자유주의는 그들의 특정 사고방식을 형성하는데, 이때 오히려 보수적인 반응을 보이기도 한다.

1. 자유주의자들은 신약성경에서 사랑이나 정의, 남성과 여성의 평등, 조건 없는 용납 등에 관한 타당하고 적절한 개념을 취할 수 있다. 그런데 그들은 이런 생각을 예수 그리스도의 인격과 은총의 복음에서 떼 내서 자아에 붙여 버린다. 그리고는 자기표현의 중요한 형태인 자신들의 경험으로 성경에서 발견한 개념들을 채운다. 우리 세속 사회에서 이러한 태도에 관한 극단적 사례로 배우 마돈나를 들 수 있을 것이다. 그는 자신의 로마 가톨릭 배경에서 동정녀와 무흠 잉태 개념을 취했다. 하지만 마리아와 복음에 관계된 모든 것을 떼 버리고는 이 개념을 성의 여신으로서 자신의 성을 찬양하는 데 사용했다! 이것보다 덜 극단적인 형태를 개신교에서도 찾아볼 수 있다. "하나님, 공동체, 교회를 다시 상상하기" 콘퍼런스를 비슷한 사례로 볼 수 있을지도 모르겠다. 콘퍼런스는 여성의 존엄과 참인간성에 대한 요구에 관심을 기울이면서, 신약성경에서 남성과 여성의 동등함이라는 매우 정당한 개념을 가져왔다. 그리고 그 개념을 삼위일체와 성육신에서 떼서 여성적 영성에 붙이고는, 여성의 성과 해방을 축하하면서 새로운 예배의 적절한 형식을 만드는 일에 기초로 삼았다.

이러한 접근의 배경은 개신교 자유주의 모델과 하나님은 알 수 없는 분이시라는 자유주의의 전제에서 찾을 수 있다. 신의 불가지성에 관한 생각은 이마누엘 칸트에서 시작하여 슐라이어마허를 통해, 루돌프 불트만과 돈 큐핏의 반실재론과 포스트모더니즘으로 발전했다. 슐라이어마허의 기본 전제는 우리가 하나님을 모른다는 것이지만, 그는 신학(theology)에서 하나님에 관해 이야기(God-talk)하는 것을 정당화하려는 담대한 시도를 했다. 종교의 본질은 '알 수 없는 하나님', 즉 모든 것의 위대한 유래이자 근원(the great whence and source of all)에 대한 절대 의존의 감정(the feeling of absolute dependence)이다. 만약 이 비인지적 감정을 탐구한다면, 우리는 교리를 '언어로 제시된 종교적 감정에 대한 설명'이라고 재해석할 수 있다. 따라서 신학의 과제는 삼중이다. 교리를 감정 안에 그 근원이 있다는 데까지 발생학적으로 역추적하기, 추적 불가능한 것은 버리기, 나머지는 본질적 자기 이해의 기준에 더 충실하게 해석하기. 이는 감정을 강조하는 낭만주의 신학이다. 이러한 측면에서 슐라이어마허에게 존재론적 삼위일체 개념은 없다. 기껏해야 그에게 삼위일체론은 '알 수 없는 하나님'과 우리의 관계를 묘사하는 방법으로 사벨리우스주의적으로 유지될 수 있을 뿐이다. 해석학에 관한 슐라이어마허의 선구적 작업도 이와 유사한 방식으로 진행되었고, 빌헬름 딜타이(Wilhelm Dilthey)는 이를 발전시키고 역사와 다른 인문학을 해석하는 데까지 적용했다. 이것은 다시 루돌프 불트만의 '비신화화' 프로그램의 배경이 되었다. '비신화화'에서 불트만은 신학과 그리스도론적 진술을 인간학과 자서전적 진술로, 다시 말해 '알 수 없는 하나님'과의 관계에서 우리 자신과 우리의 자기 이해에 관한 진술로 변환하는 데 공개적으로 심혈을 기울였다. 여성적 자기 이해의 빛에 비추어 "하나님을 다시 상상하라"라는 호소에서 우리는 이와 동일한 프로그램을 어디까지 목격하고 있는가?

2. 이 같은 생각들이 성육신의 복음에서 떨어져서 우리 자신에게 붙어 버리면 이데올로기의 기초가 된다. 그러니까 이들이 다른 모든 것을 해석하는 정치적 지침(agenda)으로 변질한다. 이데올로기란 무엇인가? 사회학자들은 세 가지 특징을 지적한다. (1) 이데올로기는 기득권의 이익에 봉사한다. (2) 이데올로기는 기득권의 이익에 따라 실재, 문화, 정치, 성경을 해석한다. (3) 사람들이 진정성을 가지고 이데올로기를 열정적으로 믿는다.

정의와 해방을 향한 열정적 관심을 가진 급진 페미니즘의 일부 형태는 이러한 이데올로기의 사례가 될 수 있다. 그러나 이런 이데올로기가 예수 그리스도와 은총의 복음에서 떨어져 나온 경우를 생각해 보자. 이때 목적을 성취하기 위해 권고와 정죄라는 한 쌍의 도구[바울의 용어를 사용하면 '디카이오마타'(dikaiōmata, 율법의 요구) '카타크리마타'(katakrimata, 정죄)]를 사용하면서, 새로운 율법주의와 권력의 욕망이 탄생한다. 그러면서 은총의 동기도 잃어버린다. 그러나 바울이 보듯 율법은 죄의 상황을 노출하지만, 절대 회심하게 하지는 못한다. 우리를 그리스도에게 이끄는 "초등 교사"(paidagōgos)로 율법을 보지 않는다면, 율법은 심지어 반발을 불러일으킬 수도 있다.

3. 세 번째 단계는 이러한 타당하고 적절한 생각들의 이름으로 소위 자유주의자들이 복음을 공격하고 삼위일체론과 성육신론을 거부할 때 일어난다. 이것은 미하이 폴라니(Michael Polanyi)가 파시즘과 공산주의를 비판하면서 "도덕적 전복"(moral inversion)이라 불렀던 과정이다. 존 힉은 신약성경에서 사랑(agapē)의 개념을 추출했다. 이는 초월

적 관점을 확보해서 독립적인 이데올로기를 만들고, 세계 종교를 살펴보고, 종교 간의 대화에 임하기 위해서였다. 그리고 그는 '성육신한 하나님의 신화'와 기독교 복음의 유일성을 공격하는 데까지 나아갔다.

때론 '소피아'(지혜) 개념이 성경에서 들려 나와서는, 여성적 예배의 새롭고 이른바 타당한 형식의 기초가 되었다. 우유와 꿀이 빵과 포도주를 대체하는 이런 예배 형태에서는 예수 그리스도의 특별한 위치와 삼위일체의 언어도 본래 자리를 잃는다. 마찬가지로 조건 없는 사랑, 용납, 용서의 관계 개념도 신약성경에서 끌어내서 그리스도 안에서의 용납과는 분리하여 윤리에 대한 새롭고 적절한 접근의 기초로 삼는다. 그러나 만약 사랑만 필요하다면 기독교의 결혼 교리 혹은 이성애와 동성애를 구분하는 기초는 무엇인가? 이러한 관대한 접근법에 반대하면 율법주의 혹은 동성애 혐오라면서 무시당할 수 있다. 외도한 여성의 이야기에서 예수님은 율법주의적 접근도 관대한 접근도 취하지 않으셨다. 그분은 은총과 용서를 베푸셨다. 그러나 또한 그분은 다음과 같이 말씀하실 수 있었다. "가서 다시는 죄를 범하지 말라."

시대를 관통하며 내려오는 많은 형태의 영지주의도 이와 비슷한 접근을 취하는 모습을 볼 수 있다. 다시 말해서 예수 그리스도에서 분리된 '그리스노'라는 개념이 우리의 자기 이해와 결합해서 하나님에 대한 종교적 이해의 기초가 된다. 예를 들어 우리 시대 니치 독일에서 독일 그리스도인은 유대인이 아닌 어떤 그리스도(a Christ)를 원했다. 그 결과 그들은 그리스도(the Christ)를 '유대인 예수'에서 분리했다. 그들은 '아리아인 그리스도'를 예배하고자 그리스도라는 개념을 자기 자신에 결부시켰다. 이와 비슷하게 오늘날에는 '그리스도'를 예수 그리스도에게서 떼 내서 토착 문화와 전통적 영성에 붙이는 토착 신학 혹은 아시아 신학의 형태가 필요하다는 요청도 있다. 물론 이렇게 토착화하는 접근법은 서구에 있는 우리가 예수 그리스도를 이스라엘이라는 그분의 뿌리에서 분리했고, 실제로 성경에서는 찾아볼 수 없는 유럽의 신학과 이방인 그리스도를 만들었다는 인식 때문에 촉발되었을 수 있다. 유사한 방식으로 일부 급진 페미니스트들은 여성적 그리스도를 갈망하면서 '그리스도' 개념을 남성이신 예수님에게서 분리해서는, 자신들의 여성적 자기 이해로 그 개념을 메꾸려고 노력한다. 다른 페미니스트들은 성부와 성자로부터 성령을 분리해서는 자신들의 영에다 결부시키고는 그들의 영성에 대해서 이야기하기를 원한다.

이와 비슷한 생각을 가지고 막 발흥하던 영지주의에 대해서 이미 신약성경의 요한일서가 다루었다는 사실이 의미심장하다. 요한이 겨냥하는 영지주의 운동은 초기 영지주의자 케린투스(Cerinthus)와 연관이 있었다.♦ 그래서 요한일서에 다음과 같은 권고가 나온다. "사랑하는 자들아 영을 다 믿지 말고 오직 영들이 하나님께 속하였나 분

♦ 케린투스(Cerinthus)는 요한 서신의 저자와 동시대에 활동했던 이집트 출신 영지주의자로, 그의 생애나 학파에 대한 구체적 정보는 전해지지 않는다. 그는 영지주의, 유대교, 에비온주의가 혼합된 교리를 가르친 것으로 알려져 있다. 이레나이우스를 비롯한 여러 초대 교부들이 그의 이름을 언급하는 것으로 보아, 당시 꽤 큰 영향력을 끼친 것으로 추정된다.

별하라.…예수 그리스도께서 육체로 오신 것을 시인하는 영마다 하나님께 속한 것이요. 예수를 시인하지 아니하는 영마다 하나님께 속한 것이 아니니 이것이 곧 적그리스도의 영이니라"(4:1-3). 그리고 요한일서 2장에서 사도는 적그리스도를 다음과 같이 묘사한다. "예수께서 그리스도이심을 부인하는 자가 아니냐. 아버지와 아들을 부인하는 그가 적그리스도니 아들을 부인하는 자에게는 또한 아버지가 없되 아들을 시인하는 자에게는 아버지도 있느니라"(2:22-23). 신약성경은 예수 그리스도, 즉 육신이 되신 말씀이 아닌 다른 그리스도를 알지 못한다. 신약성경은 성부와 성자의 영이 아닌 성령을 알지 못한다. 요한일서는 사랑에 관해서도 특별한 가르침을 준다. 우리가 아는 유일하게 실제적인 조건 없는 사랑(*agapē*)은 십자가에서 계시된 예수 그리스도의 사랑이다. "사랑은 여기 있으니 우리가 하나님을 사랑한 것이 아니요. 하나님이 우리를 사랑하사 우리 죄를 속하기 위하여 화목 제물로 그 아들을 보내셨음이라"(4:7 이하).* 우리를 위해 예수 그리스도는 자신의 사랑으로 사랑이 무엇인지 정의하셨다. 성령으로 우리 마음에 부어진 바로 그 사랑으로, 우리는 서로를 조건 없이 사랑하고 용납하고 용서하도록 부름을 받았다. 그리스도는 남자와 여자로 이루어진 공동체 안에서 화해를 이루는 사랑의 사역을 하고 계신다. 우리가 사랑의 교제를 서로 나누는 것은 성령을 통해 이러한 그리스도의 화해 사역에 함께 참여하도록 하는 선물이다.

◆ 원서 본문에는 4:7 이하라고 되어 있지만, 저자가 인용한 구절은 10절이다.

4. 자유주의적 접근이 나아가는 다음 단계는 성경의 권위에 대한 질문이다. 성경에는 가부장제의 안내서 혹은 남성 지배적 문화의 결과물, 동성애를 정죄하는 원시적 시각이 담겼기 때문에 더는 쓸모없는 진부한 책이라고 주장할 수도 있다. 물론 성경을 가부장제, 노예제, 인종주의, 성차별주의를 정당화하기 위해 사용할 수도 있다. 그러나 바로 이러한 이유로 우리는 오히려 예수 그리스도 안에서 성경의 완성을 찾는다는 관점으로 성경을 해석해야만 한다. 그분은 우리를 잘못된 선입견에서 해방하시고, 타락한 인류를 구속하시며, 새 창조를 가져오신다. 이러한 자신의 사역 안에서 그리스도는 우리가 노예제, 인종주의, 성차별주의, 가부장제를 거부하도록 불러 모으신다. 타락한 아담에게서 상실된 바가 그리스도 안에서 회복된다. 복음은 문화를 향해 말을 건네면서, 이러한 방식으로 문화를 변혁한다.

5. 마지막 단계는 성경과 전통이라는 두 근원 교리(the doctrine of two sources)를 언급할 때 이미 잠깐 소개했다. 두 근원 교리를 가르칠 때 성경의 유일한 권위는 의문시된다. 다시 말해서 먼 옛날 특정 원시 문화에서 하나님이 자신을 계시하셨음은 의심할 바 없지만, 그분은 오래된 이전의 계시들이 의미를 잃게 내버려 두시고, 오늘날 더 계몽된 우리의 문화에서 자신을 점진적으로 계시하신다는 것이다.

자유주의가 이런 방향으로 나아가는 데 대한 반작용으로 우파 보수 '근본주의'가 나왔다. 근본주의는 성경의 권위를 주장하려는 정당한 관심을 가지고 형성되었다. 그런데 근본주의는 종종 성경을 율법주의적으로 잘못 사용했다. 근본주의와 자유주의는 어느 정도 유사하게도 성경을 그리스도론적으로 해석하는 데 실패했다. 게다가 근본주의가 자기 내면에 집중하는 개인주의적 경건주의와 맞물리면, 우리 시대의 사회 문제에는 쉽게 눈을 감고 우리가 속한 동시대 사회 속의 정의와 자유를 위한 울부짖음에는 쉽게 귀를 닫아 버린다. 앞서 강조했듯, 오늘날 예수 그리스도를 증언하는 데 있어 복음 전도와 인간화 사이의 분열이란 있을 수 없다.

이 모든 것에서 무엇을 배울 수 있는가? 슬프게도 오늘날 너무 많은 교회가 이러한 두 극단 중 이쪽 아니면 저쪽에 치우쳐 있다. 어떤 면에서 이 둘은 공통점을 상당히 많이 가진다. 둘 다 경험을 그들의 기준으로 삼는다. 자유주의자들은 그들의 이데올로기를 형성하면서 동시대의 자기 이해 혹은 자기표현에 호소한다. 보수주의자들은 실존주의 경험 모델처럼 '복음의 경험'에 호소한다. 자신들에게 적절한 특정 개념들을 선별하고 그 개념들을 복음으로부터 끌어낸다. 이런 방식으로 한 그룹은 예수 그리스도의 인격으로부터 자신들에게 필요한 개념들을 분리한다면, 다른 그룹은 신앙을 정통 교리를 그대로 받아들이는 일과 동일시한다. 후자는 추상적인 교의로 예수 그리스도의 생동하는 인격을 대체한다. 그리고 가톨릭이든 개신교든 상관없이 마치 파벌주의처럼 교리를 다른 사람을 받아들일지를 판단하는 조건으로 삼는다.

(캔터베리 대주교의 은유를 빌리자면) 스킬라와 카리브디스 사이로 우리는 항해를 한다. 항해 중에 우리는 끊임없이 교회의 중심은 우리가

아니라 살아 계신 주님이신 예수 그리스도임을 상기해야 한다. 우리의 문화와 신학적 논쟁이 주는 압박 아래서 살아 있는 중심을 잃어버릴 위험에 처하진 않았는가? 다시 말해 교회의 삶에서 진정한 행위자는 우리 자신이 아니라 예수 그리스도라는 사실을 잊지는 않았는가? 그렇다면 사실상 우리의 예배는 단지 종교적인 사람들이 행하는 유니테리언과 펠라기우스주의적 예배가 되어 버린다. 이제 더는 예배는 성부가 성육신한 성자와 나누시는 친교에 성령을 통해 은혜로 참여하는 것으로 보이지 않는다. 이제 성찬은 중심에 위치하지 않는다.

우리는 신약성경에서 이미 교회가 예수 그리스도에게서 눈을 뗌으로써, 살아 있는 중심을 잃어버릴 유혹을 받았음을 알 수 있다. 이는 고린도에 보낸 바울 편지의 기본 주제다. "예수 그리스도와 그가 십자가에 못 박히신 것", 즉 그들은 바울이 그들에게 설교했던 복음에서 눈을 돌려, 영성을 두고 분열하고 다퉜으며 서로의 은사를 탐냈다. 또 이것은 그리스도의 유일한 대제사장 되심을 강조하는 히브리서의 중요한 주제기도 하다. 우리의 죄를 위한 속죄의 죽음으로써 오직 그리스도만이 우리를 성부의 거룩한 현존인 지성소로 이끄실 수 있다. 예수 그리스도는 우리 예배의 참인도자시다. 우리가 그분에게서 눈을 돌린다면 우리는 스스로에게 기댄다. 우리의 육신에 대한 거짓 확신, 우리가 하는 일에 대한 잘못된 확신, 죄를 없이할 수도 하나님과의 참교제로 이끌 수도 없는 종교에 대해 그릇된 확신을 한다. 그러면서 우리는 불신앙에 빠진다. 우리는 두 번째 장에서 히브리서의 맥락을 언급했다.⁹ 그 맥락이 우리 시대에도 매우 시의적절하므로 다시 한번 숙고해 볼 만하다. 히브리서는 그리스도를 향한 처음의 헌신에서 점차 멀어진 그리스도인들을 향해 쓰였다. 그들을 그리스도에게 처음 인도했던 사람들은 이제 세상을 떠났다. 격려가 없어지면서 그들은 처음의 신앙과 열정을 잃었다. 그들은 지도자와 선생이 될 만큼 영적 성숙을 이루어야 했지만(5:12) 퇴보했고, 누군가가 그들에게 신앙의 초보적 원리들을 가르쳐야 했다(5:12-14). 그들은 하나님이 이집트에서 끌어내신 광야의 이스라엘 백성 같았다. 그들은 하나님이 그들을 이집트에서 끌어내고자 지도자로 삼으셨던 모세에게 반항했고, 그 불신앙 때문에 결과적으로 약속의 땅에 들어갈 수 없었다. 히브리서의 권면을 들어야 했던 그리스도인들도 옛 방식으로 돌아갔고 배교의 위험에 처해 있었다(6:9; 10:35). 그리스도에게서 눈을 돌림으로써 그들의 예배는 "먹고 마시는 것과 여러 가지 씻는 것, 외적 규정과 규칙"의 문제, 즉 "육체의 예법"(*dikaiōmata sarkos*)의 문제로 전락해 버렸다(9:9-10).♦ 이것은 영적 죽음으로 가는 길이었다. 따라서 히브리서 기자는 역사 속 위대한 신앙의 남성과 여성, 곧 "구름 같이 둘러싼 허다한 증인들"의 예를 든다. 그리고 그들에게 인내함으로 앞에 놓인 길을 뛰어가라고 권고한다. "믿음의 주요 또 온선하게 하시는 이인 예수를 바라보자. 그는 그 앞에 있는 기쁨을 위하여 십자가를 참으사 부끄러움을 개의치 아니하시더니 하나님 보좌 우편에 앉으셨느니라"(12:1-3). "그러므로 함께 하늘의 부르심을 받은 거룩한 형제들아 우리가 믿는 도리의 사도이시며 대제사장이신 예수를 깊이

♦ 본문에는 히브리서 9:9-10 내용이 혼합되어서, 히브리서 본문이 아니라 저자의 문장에 더 가깝게 번역했다.

생각하라"(3:1). 오직 이러한 방법으로 그들은 참예배의 기쁨을 다시 발견할 수 있었다. 따라서 히브리서는 그리스도의 대제사장직에 관해 이야기한다. 그리스도는 우리의 죄를 씻어 없애기 위해 단번에 죽으셨다. 그리고 지금도 통치하시는 주님으로서 우리를 하나님의 현존으로 이끄시고자 "항상 살아 계셔서 [우리를] 위하여 간구"하신다.

히브리서는 진정한 예배, 우리의 예배에서 그리스도의 위치 그리고 오늘날의 기도 생활에 대해서 많은 것을 말해 준다. 그러나 소위 자유주의와 근본주의의 분열과 양극화로 우리는 살아 있는 중심을 잃어버릴 위험에 있지 않은가? 우리의 부활하고 승천하신 주님, 즉 교회의 머리이신 그분은 자신을 바라보고 우리 죄의 용서를 위한 십자가에서의 희생을 기억하라고 우리를 불러 모으신다. 이는 그리스도가 우리를 아버지께로 인도하시고 우리는 생명의 빵이신 그분을 먹으며 살기 위함이다. 우리가 서로 교제하는 중에 성부와 친교하는 그리스도의 생명을 나누어 가지도록 성령은 우리를 들어 올리신다. 이것이 성찬의 의미가 아닌가? 속죄의 날에 구약의 이스라엘처럼 지성소 밖에 있는 것이 아니라, 우리의 대제사장은 우리를 자신과 함께 지성소로 데려가시기 위해 하늘로 올라가셨다. 믿음 안에서 우리가 그리스도를 바라볼 때, 율법의 의로운 요구(*dikaiōmata*)와 예배의 예법이 우리를 위해 그리스도에 의해서 실현되었을 뿐만 아니라, 성령 안에서의 삶(롬 8:1-4) 가운데 우리 안에서도 실현된다. 성령으로 말미암아 우리의 마음에 하나님의 사랑이 부어진다. 성령으로 우리는 "아빠 아버지"라고 외칠 수 있고, 우리가 어떻게 기도할지 알지 못할 때 성령께서 우리를 위해서 그리고 우리 안에서 간구하신다(8:26-27).

히브리서의 수신자들처럼 우리도 그리스도에게서 눈을 돌린다면, 종교로 섬기는 예법(*dikaiōmata latreias*, 히 9:1)을 지키면서, 우리 스스로 하나님께 값진 예배를 드리고 그분의 거룩한 요구에 맞출 수 있다는 잘못된 '육체의 자기 확신'에 빠진다. 이것은 종교를 '메기 무거운 멍에'로 만들어서 배교와 분파주의적 분열, 율법주의, 피폐함에 이르게 하는 길이다. 그러면 사람들은 교회에서 떨어져 나가고, '멍에'를 던져 버리고 싶어 하는 젊은이들을 잃으며, 우리 구성원들은 교회에 시간과 봉사와 돈을 헌신할 은혜의 동기를 상실한다. 마침내 이 길은 잘못된 예배로 이끌 것이다. 혹 이 길은 고대의 황금 소나 바알 신앙의 자연신, 풍요 신 숭배에 대응한다고 볼 수 있는 오늘날 우리 이교도 사회의 마돈나 혹은 성, 자아 숭배로 이끌 수도 있다. 또는 단순히 불신앙, 무관심, 심지어 절망으로 이끌 수도 있다. "어떤 길은 사람이 보기에 바르나 필경은 사망의 길이니라"(잠 14:12). 예수께서 말씀하셨다. "내가 곧 길이요 진리요 생명이니 나로 말미암지 않고는 아버지께로 올 자가 없느니라." 그리스도를 바라보자. 그리고 그분의 성령이 신앙 공동체로서 우리를 하나님의 삼위일체 생명 속으로 늘어 올리시도록 하자. 그분은 지금 당신을 위해 이 일을 하고 계신다. 하나님이 당신을 축복하시길!

부록

하나님에 관한 인간 언어에 대하여:
직유, 은유, 비유, 유비, 이름

성경은 하나님과 하나님 나라에 관해 이야기하며 여성적 이미지와 비유를 사용한다. 그러나 성경은 여성적 이미지와 비유를 은유(metaphor)가 아니라 직유(simile)로 사용한다.[1] "하나님은 목자 같으시다"라고 이야기하는 것은 직유지만, "주님은 나의 목자이시다"라고 한다면 이는 은유다. 은유는 사전적 의미를 지닌 단어(명사)지만, 본래 단어를 과감하게 다른 사물 혹은 사람에 해당하는 단어로 바꾸어서 의미를 드러내고 새로운 뜻을 제시한다(예를 들어 목자, 하나님의 양, "나는…문이다"). 성경의 저자들은 어머니를 하나님을 묘사하는 은유로는 사용하지 않았다. 그들은 하나님을 "어머니"라고 절대 부르지 않는다. 저자들은 풍요 신 종교의 여신들이나 아스타르테와 아프로디테를 무척이나 잘 알고 있었다. 그리고 그들은 십계명의 2계명에서 금지된 것처럼 하나님에 대한 어떠한 형상(image)을 만드는 일의 위험도 잘 알고 있었다. "여호와께서 호렙산 불길 중에서 너희에게 말씀하시던 날에 너희가 어떤 형상도 보지 못하였은즉 너희는 깊이 삼가라. 그리하여 스스로 부패하여 자기를 위해 어떤 형상대로든지 우상을 새겨 만들지 말라. 남자의 형상이든지, 여자의 형상이든지"(신 4:15-16). 백성들은 "하나님은 사람이 아니시니"를 거듭 상기했다. 구약성경에서 모성이 **직유**의 형식으로 하나님에게 사용된 구절은 오직 네 군데다.

- 내가 오랫동안 조용하며 잠잠하고 참았으나 내가 해산하는 여인같이 부르짖으리니 숨이 차서 심히 헐떡일 것이라. (사 42:14)
- 질그릇 조각 중 한 조각 같은 자가 자기를 지으신 이와 더불어 다툴진대 화 있을진저.…아버지에게는 무엇을 낳았소 하고 묻고 어머니에게는 무엇을 낳으려고 해산의 수고를 하였소 하고 묻는 자는 화 있을진저. (사 45:9-10)
- 여인이 어찌 그 젖 먹는 자식을 잊겠으며 자기 태에서 난 아들을 긍휼히 여기지 않겠느냐. 그들은 혹시 잊을지라도 나는 너를 잊지 아니할 것이라. (사 49:15)
- 어머니가 자식을 위로함같이 내가 너희를 위로할 것인즉 너희가 예루살렘에서 위로를 받으리니. (사 66:13)

이 절들은 직유지 은유가 아니다. 여기에는 하나님 안의 모성에 대한 어떤 주장도 없다. 그 대신 여성의 특정 속성인 하나님의 사랑과 공감의 속성을 이야기하고자 사용된다. 비슷한 방식으로 '소피아'(지혜)라는 단어는 하나님 안의 어떤 속성이나 하나님의 지혜로운 목적을 묘사하고자 사용된다. 잠언 8장에는 지혜를 특정 인물로 인격화하기도 한다. 그러나 문자적으로 '소피아'는 인격적으로 말을 건넬 수 있는 인격체가 아니다.

그렇다면 하나님을 아버지라고 부를 때 '아버지'라는 단어는 무엇에 관한 것인가? 이것도 '목자'와 같이 하나님을 가리키는 또 다른 은유에 불과한가? 목자가 의미 있는 단어이긴 하지만 하나님이 진짜 목자가 아니시라는 점은 분명하다. 그렇다면 우리는 하나님이 진짜 아버지는 아니지만, 아버지라는 호칭이 유의미한 형태라고 말하는 것인가? 하나님이 우리의 인간 아버지보다 더 진정한 아버지시지 않은가? 분명히 우리가 은유를 어떻게 해석하는지에 많은 것이 달려 있다. 이에 대한 상당한 논의가 있었고, 어떤 사람들은 바위나 목자와 달리 아버지는 "실재를 묘사하는 은유"라고 말하기도 했다.[2] '아버지'라는 단어는 단지 우리가 신을 "아버지"로 부를 수 있도록 하는 아버지와 같은 속성들을 가리키는 것이 아니다. '아버지'라는 단어는 하나님 안의 인격적 정체성을 나타낸다.

이 지점에서 **유비**에 관해 이야기해 보면 더 좋을 것 같다. "아버지"라는 단어는 하나님과 피조물 모두에 사용되는 술어라 할 수 있지만 유비적 차원에서 그러하다. 하나님께서는 우리에게 자신을 아버지로서 계시하신다. 그분은 자기 자신을 알리지 않으신 채로 내버려 두신 것이 아니다. 아버지라는 단어는 단순히 모델 또는 **우리가** 하나님을 묘사하고자 사용하는 은유가 아니다. 물론 은유라 할지라도 그 특성상 "실재를 묘사하는" 기능을 하기는 한다. 하지만 하나님은 자기 자신을 "아버지"라고 **명명하셨다**. 이름은 은유 이상이다. 하나님은 자신을 계시하고자 스스로에게 이름을 부여하심으로써 인간의 언어를 취하신다. 우리는 오직 인간 아버지만을 안다. 우리에게 '아버지'라는 단어는 인간 부류를 가리키는 개념이다. 그 단어는 피조물의 부모 중 남성을 서술할 때 사용된다. 그렇다면 인간 부류를 가리키는 이 개념이 인류의 구성원이 아닌 하나님을 가리킬 때 사용될 수 있는가? 어떻게 성적 함의를 가진 단어 아버지를 젠더를 넘어서시는 하나님을 나타낼 때 사용할 수 있는가? 어떻게 부성이 하나님과 인간 모두의 술어가 될 수 있는가? 하나님과 인간을 각각 가리키고자 아버지라는 단어를 사용할 때, 두 경우에서 이 단어가 같은 의미인 양 무차별적으로 쓰인 것이 아님은 분명하다. 만약 그랬다면 분명하게 하나님 안에 젠더가 있다는 말이 되어 버린다.[3] '아버지'라는 인간의 단어가 하나님에게 사용될 때, 창조자 하나님을 나타내고자 그 단어의 의미 변환이 반드시 일어난다. 창조자 하나님은 모든 지상의 아비에게 이름을 주신(엡 3:15) 단 한 분 진정한 아버지시다. 존재 질서에서 창조자가 피조물에 선행하듯, 하나님의 부성은 우리의 부성에 선행한다. 그렇다면 어떻게 우리는 하나님의 부성과 우리의 부성을 비교·대조할 수 있는가? (아타나시우스의 구분을 다시 언급하자면, 신화적으로가 아니라) 오직 신학적으로만 우리는 이 일을 할 수 있다.[4] 이를 위해 우리는 예수님의 삶과 말씀과 고통을 성찰하면서, 예수 그리스도로 하나님 아버지의 내용을 그 단어에 채워 넣어야 한다. 우리는 성령이 그리스도를 우리에게 해석하시면서, 아버지라는 단어에 결부된 생물학적이고 남성적이며 가부장적이고 성차별적인 내용 모두를 비워 내시도록 해야 한다. 그리고 우리가 "아빠 아버지"라고 더욱 진실하게 기도할 수 있도록 성령이 그 단어를 신적 내용으로 메워 넣으시게 해야 한다. 이것이 신학에서 유비(*analogia gratiae*, 은총의 유비)의 길이다. 니케아 교부들이 보았듯, 이러한 방식은 성부와 성자는 '존재에서 하나'(*homoousios*)라는 사실을 전제로 한다. "나를 본 자는 아버지를 보았거늘"(요 14:9; 마 11:27). 이와 유사하게 '사랑'(*agapē*)이나 '인격' '교제' 같은 관계적 단어도 예수 그리스도 안에 비치는 하나님의 계시의 빛 아래서, 즉 신화적으로가 아니라 신학적으로 하나님과 인간의 술어가 된다. 교부들은 이러한 방식으로 존재론적 삼위일체 교리를 가르쳤다. 교제 속의 존재(being-in-communion)를 가지신 하나님은 사랑 안에서 인간들을 자신의 형상으로 창조하셨다. 이는 사랑 혹은 페리코레시스적 연합 안에서 우리도 교제 속에서 참존재(true being-in-communion)를 발견하게 하기 위함이다. 그리고 하나님은 예수 그리스도 안에서 우리에게 이러한 목적을 계시하셨다.

하나님께서 자기 자신에게 이름을 부여하셨다. 하나님의 이름에 관한 이 같은 이해는 성경 전체를 관통한다. 이집트에서 이스라엘을 구속하실 때, 하나님은 모세에게 이름을 알려 주셨다. "나는 스스로 있는 자이니라. … 이는 나의 영원한 이름이요 대대로 기억할 나의 칭호니라"(출 3:15).✦ "내 백성은 (그들의 구속자로서) 내 이름을 알리라"(사 52:6). "너희의 하나님 여호와께서 자기 이름을 두시려고 택하

✦ 본문에는 출애굽기 3:15로 나오지만, 저자는 14, 15절의 내용을 혼합하여 인용했다. 즉, 14절에서는 하나님이 자신을 '스스로 있는 자'로 소개하시고 15절에서는 조상의 하나님, 즉 '아브라함과 이삭과 야곱의 하나님'으로 소개하신다.

실 그곳"(신 12:11). 예배가 끝맺을 때 제사장은 평화를 비는 아론의 축복을 하면서, "내 이름으로 이스라엘 자손에게 축복할" 것이다(민 6:27, 다음도 참고할 것. 시 20:1, 5; 54:1; 124:8; 렘 23:6). 이스라엘에게 자기의 이름을 주셨던 하나님은 신약성경에서 계시의 충만한 실현이신 예수님 안에서 자기 이름을 "아버지"로 알리셨다. 그리고 아들이신 예수님에게 모든 이름 위의 이름을 주셨다. 예수님 자신도 이렇게 기도하셨다. "아버지여, 아버지의 이름을 영광스럽게 하옵소서"(요 12:28). 그리고 우리에게 기도를 가르치셨다. "아버지여 이름이 거룩히 여김을 받으시오며." 우리 주님의 대제사장 기도에서, 그분은 이렇게 말씀하셨다. "나는 아버지께로 가옵나니 거룩하신 아버지여 내게 주신 아버지의 이름으로 그들을 보전하사 우리와 같이 그들도 하나가 되게 하옵소서. 내가 그들과 함께 있을 때에 내게 주신 아버지의 이름으로 그들을 보전하고 지키었나이다"(요 17:11-12). 우리는 성부와 성자와 성령의 이름으로 세례받는다. 그리고 놀라운 교제의 삶 속에서 그 이름을 고백하고, 사랑하고, 선포하도록 교육받는다. 지금껏 우리가 이야기한 것에 비추어 보아 하나님의 이름은 수전(Susan) 혹은 프레드(Fred)처럼 자의적 기표(signifier)가 아니라는 사실을 분명히 알 수 있다. 그 이름은 예수님의 이름이 그러하듯, 의미론적 내용을 가진다. 하나님은 단지 그 이름으로 자신에 관한 정보를 전달하시는 것이 아니다. 예배와 기도에서 자신과 친밀한 교제로 우리를 끌어들이시고자, 하나님은 그 이름을 통해 자신의 모습을 우리에게 인격적으로 드러내신다.

주

1장 예배 — 유니테리언인가 삼위일체적인가

1 필자의 다음 글을 보라. James B. Torrance, "The Vicarious Humanity of Christ", *The Incarnation*, ed. T. F. Torrance (Edinburgh: Handsel Press, 1981). 또한 "The Doctrine of the Trinity in Our Contemporary Situation", *The Forgotten Trinity*, vol. 3 (London: British Council of Churches, 1991).

2 다음을 보라. D. Butler, *Henry Scougal and the Oxford Methodists* (Edinburgh & London: Wm. Blackwood & Sons, 1899).

3 Adolf Harnack, *What is Christianity?* (New York: Harper, 1957), pp. 144 이하. 『기독교의 본질』(한들출판사).

4 앞의 책, p. 142.

5 그는 천국에서 생명을 진선미의 지복 직관으로만 해석한 것이 아니라, 삼위일체의 용어로 이해한 영원한 예배로도 해석했다[Julian of Norwich, *Showings*, in The Classics of Western Spirituality, trans. Colledge and Walsh (New York: Paulist Press, 1978), p. 81]. 다음 책에 실린 두 논문과 비교하라. James M. Houston, "Spirituality and the Doctrine of the Trinity"와 Roland Walls, "The Church: a Communion of Persons" (on Julian of Norwich), *Christ in Our Place: The Humanity of God in Christ for the Reconciliation of the World* (Exeter: Paternoster

Press, 1990).

6 이것이 최근 교회들 사이에서 벌어지는 (성령은 아버지와 "함께 아들로부터" 나온다는) '필리오케(*filioque*) 구절'에 관한 논의가, 교회 예배에 대한 진지한 성찰에서 나온 삼위일체에 관한 온전한 논의라는 더욱 포괄적인 맥락 속에서 이뤄져야 하는 이유다. 우리가 서방의 필리오케를 따르든, 그렇지 않든 성령과 성자의 아버지의 관계 그리고 성령과 성부의 아들의 관계를 어떻게 이해하느냐가 중요한 문제다. 성령 안에서 한 분 삼위일체 하나님은 은총 안에서 자신을 우리에게 주신다. 이는 창조 안에 있는 우리를 위한 하나님의 목적을 충만히 실현하는 가운데 우리를 교제의 생명으로 끌어들이기 위함이다.

7 *The Forgotten Trinity* (London: British Council of Church, 1989-1991).

8 이에 대해서는 필자의 다음 논의를 보라. James B. Torrance, "Covenant or Contract? A Study of the Theological Background of Worship in Seventeenth Century Scotland", *Scottish Journal of Theology* 23 (1970): pp. 51-76. 그리고 "The Covenant Concept in Scottish Theology and Politics and Its Legacy", *Scottish Journal of Theology* 34 (1981): pp. 225-243.

9 이 또한 필자의 논문을 보라. "Covenant or Contract?" 그리고 "The Covenant Concept in Scottish Theology and Politics and Its Legacy."

10 다음을 보라. John Macmurray, *Reason and Emotion* (London: Faber & Faber, 1935).

11 John Zizioulas, *Being as Communion* (London: Darton, Longman & Todd, 1985). 『친교로서의 존재』(삼원서원). John Macmurray, *Persons in Relation* (London: Faber & Faber, 1961). John Macmurray, *The Self as Agent* (London: Faber & Faber, 1957). 다음도 보라. Walls, "The Church: a Communion of Persons", *Christ in Our Place*.

12 Allan Bloom, *The Closing of the American Mind* (New York: Simon & Schuster, 1987). 『미국 정신의 종말』(범양사).

13 다음도 보라. David Lyon, *Postmodernity* (Buckingham: Open University Press, 1994).

2장 유일한 제사장이신 그리스도, 예배의 중보자

1 다음을 비교하라. Columba Marmion, *Christ in His Mysteries* (London: Sand &

Co., 1939)와 Calvin, *Institutes* 4.17.2. 『기독교 강요』(CH북스).
2 예배와 교회론을 이해하는 데 있어 하나와 여럿의 중요성에 대한 논의로 다음을 보라. A. Michael Ramsey, *The Gospel and the Catholic Church* (London: Longmans, Green & Co., 1936). 다음도 보라. Colin E. Gunton, *The One, the Three and the Many* (Cambridge: Cambridge University Press, 1993). 『하나 셋 여럿』(IVP).
3 Calvin, *Commentary on Hebrews* 6:19, CO55-81. 『존칼빈성경주석 10』(성서원). 이에 대한 필자의 논의로 다음을 보라. International Congress on Calvin Research, "The Vicarious Humanity and Priesthood of Christ in the Theology of John Calvin", *Calvinus Ecclesiae Doctor* (Kampen: J. H. Kok, 1978).
4 이것은 존 던스 스코투스가 마리아의 무흠 잉태를 이야기하면서 언급했던 구절이다. 마리아는 그녀의 아들의 인격 안에서 흠이 없었다. 마리아는 타락한 인류의 구성원 중 한 명이지만, 우리 주님의 어머니가 되기 위해 하나님께 선택되었고, 구속받았고('미리 구속받고'), 아들의 피로 씻겼다. 그렇기에 마리아는 구속받은 교회의 상징이다. 로마 가톨릭 역사에서 이에 대한 옳은 방식과 그릇된 방식의 해석에 관한 필자의 논의를 보라. James B. Torrance and Roland C. Walls, *John Duns Scotus in a Nutshell* (Edinburgh: Handsel Press, 1992). 내가 보기에 던스 스코투스는 칼뱅의 선구자였다. 파리의 존 메이저(John Major)의 영향으로 칼뱅은 스코투스와 유사한 생각을 가졌던 것 같다. 하지만 종종 스코투스의 사상은 잘못 해석되었다. 구속받은 교회는 그 자체가 아니라 그리스도 안에서 무흠하다.
5 Calvin, *Institutes* 3.11-14.
6 다음 예를 보라. Gregory of Nazianzus, *Epistles* 101. 다음도 보라. T. F. Torrance, *Theology in Reconciliation* (London: Geoffrey Chapman, 1975), pp. 112, 154, 167.
7 이에 대한 필자의 논의를 보라. International Congress on Calvin Research, "The Meaning of Grace in Calvin...Salvation Complete in Christ", *Calvinus Sacrae Scripturae Professor* (Grand Rapids: Eerdmans, 1990), pp. 12 이하. 다음도 보라. *Calvinus Ecclesiae Doctor*.
8 Calvin, *Institutes* 3.4.
9 이에 대한 필자의 논의는 다음을 보라. James B. Torrance, "The Vicarious Humanity

of Christ", *The Incarnation: Ecumenical Studies in the Nicene-Constantinopolitan Creed, AD 381*, ed. T. F. Torrance (Edinburgh: Handsel Press, 1981). 그리고 "The Contribution of John McLeod Campbell to Scottish Theology", *Scottish Journal of Theology* 26 (1973).

10 구약 이스라엘의 예배에 관해서는 장 칼뱅의 주해보다 더 분명한 설명을 보지 못했다. 다음 T. F. Torrance의 논의를 보라. "The Mediation of Christ in Our Human Response", *The Mediation of Christ*, revised edition (Edinburgh: T&T Clark, 1992).

11 J. Jungmann, *The Place of Christ in Liturgical Prayer* (London and Dublin: Chapman, 1965).

3장 세례와 성찬 – 교제의 길

1 Dietrich Bonhoeffer, *Christology*, ET (London: Collins; New York: Harper & Row, 1966). 『그리스도론』(대한기독교서회).
2 James B. Torrance and Roland C. Walls, *John Duns Scotus in a Nutshell* (Edinburgh: Handsel Press, 1992).
3 오스카 쿨만(Oscar Cullmann)의 말을 다음에서 재인용했다. *Doctrine and Practice of Public Worship in the Reformed Churches*, a report to the General Assembly of the Church of Scotland, 1971.
4 J. K. S. Reid, *Church Service Society Annual*, May 1960, p. 10.
5 이에 대한 심도 있는 논의로 다음을 보라. M. V. Bernadot, O.P., *The Eucharist and the Trinity* (Wilmington, Del.: Michael Glazier, 1977). 프랑스어를 번역한 이 책은 이전에 *From Holy Communion to the Holy Trinity*라는 제목으로 Sands & Co. 출판사에서 출판되었다.

4장 젠더, 섹슈얼리티 그리고 삼위일체

1 아타나시우스는 아리우스주의와 논쟁 이전의 초기 작품에서도 이러한 구분을 만들었다. 예를 들자면, *Contra Gentes* 19. 이러한 구분에 관련된 논의는 다음을 보라. T. F. Torrance, *Theology in Reconstruction* (London: SCM, 1963), pp. 34 이하, 46 이하.
2 부록을 보라.

3 이것은 다음 책에 나오는 주장이다. Daphne Hampson, *Theology and Feminism* (Oxford: Blackwell, 1990).
4 필자의 다음 글을 보라. James B. Torrance and Roland C. Walls, "The Contribution of John Duns Scotus to the Theology of a Christian Church", *John Duns Scotus in a Nutshell* (Edinburgh: Handsel Press, 1992).
5 V. Norskov Olsen, *The New Relatedness for Man and Woman in Christ: A Mirror of the Divine* (Riverside, Calif.: Loma Linda University Press, 1993). 이 책에는 삼위일체 하나님의 관계성, 바울 서신의 '머리' 개념, 디모데전서 2장의 맥락에서 남성과 여성의 관계에 대한 훌륭한 논의가 나온다. 특히 디모데전서 2장에서 사도는 일부 영지주의 분파의 여성들이 했던 것처럼 교회에서 여성들이 권위 (*authentein*)를 가지는 것을 허락하지 않는다. 에베소에 있는 한 영지주의 분파에서는 분명 여신 아우덴티아가 있었다. 이 책의 서론도 보라.
6 Alan E. Lewis, ed. *The Motherhood of God* (Edinburgh: St. Andrew Press, 1984).
7 부록을 참고하라.
8 복음과 문화에 관한 저널인 *Leading Light* 2/1, 1995년 겨울호에 그의 강의 요약이 실려 있다.
9 이 서신서에 대한 다음의 탁월한 연구를 보라. J. G. S. S. Thompson, *The Praying Christ* (London: Tyndale Press; Grand Rapids: Eerdmans, 1954). 특별히 5장 "자비롭고 신실하신 대제사장"을 보라.

부록

1 이에 대한 논의로 다음을 보라. Roland M. Frye, *Language for God and Feminist Language* (Edinburgh: Handsel Press, 1988).
2 Janet Martin Soskice, *Metaphor and Religious Language* (Oxford: Clarendon, 1985). Sallie McFague, *Metaphorical Theology: Models of God in Religious Language* (London: SCM, 1982). 『은유 신학』(다산글방).
3 아퀴나스가 보았듯, 우리가 "하나님은 어떤 부류도 아니다"(*deus non est in genere*)라고 말할 때 하나님과 인간의 부성을 서술하는 것은 분명히 둘이 제3의 것과 유비 관계(*analogia duorum ad tertium*)인 종의 유비(*analogia generis*) 에 해당하지는 않는다. 다시 말해서, 하나님과 인간이 어떤 일반화된 존재의 유

비(*analogia entis*) 안에서 제3의 것, 즉 일반화된 부류 개념 아래 속하지 않는다. 오히려 하나님과 피조물 사이의 관계는 하나가 다른 것과의 유비(*analogia unius ad alterum*)인 경우에 해당한다. 하나님은 유비를 만드는 유비(*analogia analogans*), 즉 유비의 기초시다. 반면 인간 아버지는 유비로 만들어지는 유비(*analogia analoganta*), 즉 유비항(analogate)이다[이는 칼 바르트가 은총의 유비(*analogia gratiae*, '관계의 유비'(*analogia relationis*), '신앙의 유비'(*analogia fidei*)로 보아야만 한다고 했던 것이다]. 순서를 뒤엎어서 인간 아버지를 '유비를 만드는 유비', 즉 유비의 기초로 삼는 것은 (하나님을 그리스 신화의 부신 제우스와 같이 감정적인 늙은이로 대하면서) 신화 혹은 조악한 신인동형론으로 가는 길이다. 이것은 남성이든 여성이든 하나님에 관한 새로운 인간 이미지를 찾고자 할 때 발생하는 위험이다. 다음을 보라. Battista Mondin, *The Principle of Analogy in Protestant and Catholic Theology* (The Hague: Martinus Nijhoff, 1963).

4 [아퀴나스가 지적했듯 부정의 방법(*via negativa*)과 긍정의 방법(*via affirmativa*) 사이로 우리의 길을 항해하면서] 유비 안에서 우리는 유사성과 비유사성을 모두 보며 단어들을 비교하고 대조한다. 프레드릭 파버(Frederick Faber)의 찬송을 보라.

어떤 육신의 아버지도 당신처럼 사랑하지 않습니다.
이제껏 어떤 어머니도 온화하게
당신의 죄 많은 아이인 나를
당신처럼 견디고 참지 못합니다.

'무지의 구름'은 있다. 그러나 성부의 사랑의 빛이 십자가의 어둠을 뚫고 비친다. 참신학은 찬양하는 신학이다.

오 주님, 나도 당신을 사랑할 것 같습니다.
전능하신 당신을.
당신은 내게 나의 가련한 마음의 사랑을
구하시고자 허리를 굽히셨습니다.

옮긴이 해설

김진혁

이 책은 제임스 토런스(1923-2003)의 『예배, 공동체, 삼위일체 하나님』(Worship, Community and the Triune God of Grace)의 한국어판이다. 지난 세기 영어 사용권을 대표했던 조직신학자 중 한 명으로 손꼽히는 제임스 토런스는 스코틀랜드의 에든버러 대학교와 애버딘 대학교에서 교편을 잡으며, 수많은 후배 신학자와 목회자를 가르쳤다. 그는 지역 교회 목회자로 공동체를 충실히 섬기면서, 스코틀랜드 교회 협의회(Scottish Church Society)와 영국 교회 협의회(British Council of Churches), 세계 개혁교회 연맹(World Alliance of Reformed Churches) 등에서 활발히 활동했다. 또한 그는 남아프리카공화국의 아파르트헤이트를 비롯한 여러 국제 정치 문제에 양심의 목소리를 낸 지성인으로도 알려져 있다. 이 같은 여러 공적 역할과 활동들 외에도, 그는 현대 신학에 지대한 영향력을 끼치고 있는 저명한 토런스 가문의 일원으로 사람들에게 기억된다.*

만약 독자들에게 제임스 토런스의 이름이 낯설게 느껴진다면, 그것은 지금껏 우리말로 그의 주요 작품이나 신학을 소개할 기회가 없었기 때문일 것이다. 특히 친형이었던 토머스 토런스(1913-2007)와 비교할 때, 제임스 토런스는 대중적으로 덜 알려졌고 그의 저술이 많지 않은 것도 사실이다. 하지만 전문 신학자이자 교육자, 목회자, 교회 활동가로서 그가 남긴 업적은 결코 무시할 수 없다. 특히 그가 신학적 원숙기에 선보인 『예배, 공동체, 삼위일체 하나님』은 그의 사상과 경험의 정수가 압축되어 담겼을 뿐만 아니라, 토런스 가문 신학을 대표하는 작품이자 삼위일체론의 언어와 논리 위에 예배 신학을 현대적 감각으로 재구성한 탁월한 시도로 평가받는다.

제임스 토런스와 예배 신학

뼛속까지 스코틀랜드인이라는 말을 써도 될지는 모르겠지만, 제임스 토런스는 자신의 스코틀랜드 배경을 자랑스러워했으며 실제 많은 스코틀랜드인에게 사랑을 받은 사람이다. 하지만 그는 젊은 시절 스코틀랜드뿐 아니라 독일과 스위스, 잉글랜드로 옮겨 다니며 신학

♦ 대표 인물을 간략히 소개하자면, 제임스 토런스의 형인 토머스 토런스는 에든버러 대학교에서 기독교 교의학을 가르쳤고, 칼뱅과 바르트 등의 대작을 편집하고 소개한 것으로 유명하다. 동생 데이비드 토런스(David Torrance)도 스코틀랜드 교회 목회자이자 신학자였다. 그의 조카 이언 토런스(Iain R. Torrance)는 신약과 교부학 전문가로서 미국 프린스턴 신학교의 총장을 역임했다. 그의 아들 앨런 토런스(Alan Torrance)와 손자 앤드루 토런스(Andrew Torrance)도 스코틀랜드 세인트앤드루스 대학교에서 조직신학을 가르치고 있다.

을 공부했고 이후에도 세계 곳곳으로 강의 여행을 다니며 다양한 문화를 경험했다. 그는 학생이자 학자로서 국제 활동을 시작하기 훨씬 전부터, 낯선 문명에서 기독교 신앙을 형성할 기회가 있었다. 그는 선교사였던 부모님 덕분에 중국 청두시에서 태어나 유아기를 그곳에서 보냈다. 중국에서 접했던 기독교 경건은 그의 인격과 신앙에 큰 영향을 끼쳤다. 그러다 토런스 가족은 1927년 장제스의 반공 쿠데타로 스코틀랜드로 돌아가야만 했다. 어린 제임스 토런스가 중국에서의 옛 기억을 생생하게 간직하지는 못했지만, 10년 터울 형 토머스 토런스는 그들의 중국 생활을 다음과 같이 회고했다.

선교사 부모님 덕분에 나는 아주 어릴 적부터 하나님에 대한 생생한 믿음으로 가득 차 있었다. 하나님에 대한 믿음은 너무나 자연스러워서, 하나님의 존재는 나의 부모님이나 내 주위 세계의 존재만큼이나 의심의 여지가 없었다.…나는 매일 성경을 세 장씩, 주일에는 다섯 장씩 읽었다. 이렇게 하면 매년 성경 전체를 다 읽을 수 있었다. 시편과 신약의 몇몇 책(예를 들면 로마서)을 외우셨던 아버지는 우리 자녀들에게도 많은 성경 구절을 암기하도록 하셨다. 나는 나이가 들면서 이것을 매우 감사하게 생각했다. 아버지는 무릎을 꿇고는 가족의 기도를 인도하셨고, 우리에게 복음적인 찬송을 가르치셨다. 아버지를 통해 접했던 기도와 찬송은 우리의 영적 이해를 살찌우고 신앙을 자라게 했다.◆

◆ 토머스 토런스의 회고를 다음 책에서 재인용했다. Alister McGrath, *T. F. Torrance: An Intellectual Biography* (Edinburgh: T & T Clark, 1999), p. 13.

토런스 형제는 종종 이러한 가족 분위기가 자신들의 신앙뿐 아니라 신학의 기초를 형성하는 데 결정적인 영향을 끼쳤다고 말했다. 어린 시절 부모님께 배운 기독교 신앙은 오랜 장로교 전통을 가진 스코틀랜드 특유의 분위기에서 구체적인 신학적 형태를 형성하기 시작했다. 토머스와 제임스 토런스가 신학 공부를 시작했고 이후 두 형제가 교수직도 수행했던 에든버러 대학교는 연구 중심의 신학자뿐만 아니라 현장에서 일할 목회자와 선교사 후보자까지 함께 교육했다. 그러다 보니 당시에 학교 자체가 독특하게도 '예배 공동체'적 성격을 강하게 띠었다.◆ 그리고 18세기 이래 큰 영향을 끼쳤던 독일의 엄격하고 학문적인 신학과는 달리, 스코틀랜드 대학교는 신학자들에게 학문적 독창성보다는 후학들을 지도하는 교육자로서 책임을 강조했고 교회를 위해 전통을 재해석하도록 요구했다.◆◆ 매킨토시 입에서 나왔다고 알려진 "신학은 독일에서 발명되고, 미국에서 타락하고, 스코틀랜드에서 교정된다"는 말에 피식 웃음이 나올 법하지만, 그 속에서 스코틀랜드 신학자들의 자긍심과 신학을 대하는 그들의 태도

◆ 당시 스코틀랜드 자유교회와 스코틀랜드 국교회의 갈등이 에든버러 대학교 내의 뉴 칼리지(New College)와 신학부(Divinity Faculty)의 분위기에 끼친 영향과 뉴 칼리지에서의 예배하는 공동체로서 토런스 형제의 신학 수업에 관해서는 다음 연구서를 참고하라. Kevin J. Navarro, *Trinitarian Doxology: T. F. and J. B. Torrance's Theology of Worship as Participation by the Spirit in the Son's Communion with the Father* (Eugene: Pickwick, 2020), pp. 3-4.

◆◆ 스코틀랜드 대학교의 신학적 분위기를 재구성할 때 다음을 참고했다. Alasdair Heron, "James Torrance: An Appreciation", *Christ in Our Place: The Humanity of God in Christ for the Reconciliation of the World, Essays Presented to Professor James Torrance*, ed. Trevor Hart and Daniel Thimell (Eugene: Pickwick, 1989), pp. 5-6.

를 읽어 낼 수 있다. 이러한 배경에서 자라나고 활동한 토런스 형제이기에 그들은 새로운 지식이나 이론을 제시하고 이에 대한 학문적 논리와 체계를 세우는 일에 주력하지 않았다. 오히려 두 형제가 전개한 조직신학은 삼위일체 하나님에 대한 공동체적 예배와 기도 그리고 찬양을 중심으로 형성되었다.

제임스 토런스에게 삼위일체론은 단지 그리스도인이 믿는 하나님에 대한 합리적 설명이 아니라, 무엇보다도 "교회의 신앙과 예배의 문법"이라고 요약할 수 있다.• 실제 그는 삼위일체의 언어와 논리에 따라 예배 신학을 구성했고, 그 결과 신론과 그리스도론, 인간론, 은총론, 구원론, 교회론 등 핵심 교리가 서로 조화를 이루며 그리스도인의 삶과 긴밀히 결합하는 포괄적 틀이 마련되었다. 또한 그의 예배 신학은 삼위일체 하나님의 은총의 빛 아래서 교부 시대부터 현대에 이르는 다양한 신학적 모델을 어떻게 바라보고 수용할지를 지혜롭고 균형 있게 판단하게 하는 관점도 제시한다.

삼위일체 하나님의 선물로서 예배

전문 신학자로서 제임스 토런스의 활동이 다채롭고 왕성했던 만큼, 그가 남긴 성취와 기여도 다양하게 평가될 수밖에 없다. 교리주의와 율법주의 경향을 보이는 칼뱅주의에서 은총과 복음의 신학자로서 칼뱅의 복원, 학계와 대중의 관심 밖에 있던 스코틀랜드 장로교의

• 본서, p. 138.

위대한 신학자들의 재발견, 교부·중세 신학과의 대화를 통해 개신교 신학의 공교회적 유산 회복 등, 이들만 거론하더라도 그의 학문적 관심사가 매우 폭넓었음을 알 수 있다.♦ 무엇보다도 그는 자신의 스승이었던 스위스 개혁주의 신학자 칼 바르트의 뒤를 이어 신학을 철저하게 삼위일체론과 그리스도론의 관점에서 재서술하려 했다. 그는 바르트 신학 속에 풍성히 잠재된 예배 신학의 가능성을 자신의 글과 강연에서 더욱 명료하고 아름답게 현실화했다. 이로써 바르트 이후 현대까지 이어진 삼위일체 신학의 다양한 발전 형태 중에서도, 그는 예배와 성례와 기도라는 공동체적 실천을 삼위일체론과 단단히 결합하는 중요한 모델을 제시했다.

  삼위일체론이 "신앙의 문법"이 된다는 의미는 일상에서 우리가 자신을 사고와 행위의 주체로 삼던 것과는 정반대 방식으로 하나님과 세계와 자아를 이해하고 이야기하게 됨을 뜻한다. 삼위일체 하나님의 낯선 은총은 우리가 눈앞의 세계를 조작하고 지배하면서 활용한 언어와 논리의 독단적 지위를 상대화한다. 대신 삼위일체가 그리스도교 신앙의 근본 문법이 되면 "율법이 아니라 복음, 율법적 회개가 아니라 복음적 회개, 순종의 명령법에 선행하는 은총의 직설법,

♦ 제임스 토런스가 교육자, 목회자, 교회 활동가, 강연자로 활발하게 활동하다 보니 오랜 시간을 들여 집필해야 하는 단행본이나 연구서를 많이 출판하지는 못했다. 그 대신 그는 주로 학술지나 공저한 책에 논문 형태로 글을 발표했다. 하지만 수많은 미출간 원고의 제목을 보면 그의 학문적 관심사가 출간된 글로 한정될 수 없을 정도로 다양하고, 조직신학자로서 사상의 체계를 세우기보다는 주로 교회의 현실적 필요에 신학적으로 응답하려 했다는 사실도 알 수 있다. 제임스 토런스의 저술 목록은 다음 웹 페이지를 참고하라. https://tftorrance.org/taxonomy/term/127.

'그리스도가 우리를 위해 무엇을 했는가'라는 질문에 대한 '그리스도는 누구신가'라는 질문의 우선성"으로 생각이 전환되고 이에 따른 행동 변화가 일어난다.' 우리의 기대에 역행하며 도발적으로 찾아오는 은총의 삼위일체 하나님께 자기를 자유롭게 개방하고, 이에 맞춰 몸과 마음의 습관을 익혀 가는 삶의 자리(Sitz im Leben)가 바로 공동체적 예배다.

그렇다면 신앙과 예배의 문법이 되는 삼위일체론의 내용은 무엇일까. 교회의 긴 역사 속에서 발전해 온 삼위일체 교리의 내용은 무궁무진하지만, 제임스 토런스는 예배 신학이라는 관점에서 핵심 명제 세 가지를 추려 낸다. 사실 이 셋은 '우리를 위한' 하나님의 단일한 은총 사건이지만, 시간적 선후에 따라 사고하는 데 익숙한 '우리를 위해' 제임스 토런스는 아래와 같이 구분하여 설명한다.

(1) 삼위일체의 내적(ad intra) 관계와 우리의 참여: 성부와 성자는 교제를 나누고, 우리는 성령을 통하여 성부와 성자가 누리는 교제에 참여한다.

(2) 삼위일체의 외적(ad extra) 활동과 우리의 참여: 세상을 향해 성부는 성자를 파송하고, 우리는 성령을 통하여 성부가 성자를 보내는 파송에 참여한다.

(3) 삼위일체로 참여하기 위한 은총: 예배라는 삼위일체 하나님의 선물로, 성령을 통한 이중적 참여('성부와 성자의 교제/성부로부터

♦ Heron, "James Torrance", *Christ in Our Place*, p. 4.

옮긴이 해설

성자의 파송)가 이루어진다.

제임스 토런스는 삼위일체 하나님의 존재와 활동에 우리가 예배를 통해 참여하는 것을 강조하고자, (1)와 (2) 그리고 (3)의 내용을 포괄하는 긴 문장을 곳곳에서 반복한다.• 하지만 영어와 언어 구조가 다른 우리말로는 이 복합적인 내용을 하나의 명제로 압축하는 데에 한계가 있을 수밖에 없다. 그 결과 (번역자로서 뻔뻔하게도 변명하자면) 삼위일체적 논리에 아직 익숙하지 않은 독자라면 본문에서 복잡하고 난해하게 느껴지는 문장을 종종 만날 수도 있다. 하지만 위에서 정리한 제임스 토런스 신학의 삼위일체적 패턴을 숙지하면, 논리나 번역 투가 낯설더라도 저자의 의도를 분별하는 데 도움을 얻을 수 있으리라 기대한다.

'번역은 곧 반역'이라는 운명을 피할 수는 없는 만큼, 이미 완료된 번역의 완성도에 대해 더 변명하기보다는, 이쯤에서 책의 핵심에 자리한 신학적 난제가 무엇인지에 집중하고자 한다. 그것은 바로 '우리가 어떻게 삼위일체 하나님의 교제와 선교(파송)에 참여하며, 왜 하필 그 결정적 계기가 개인의 도덕적 완성이나 하나님 체험이 아니라 공동체적 예배인가'라는 문제다.

♦ 일례로 서문의 도입부에 다음과 같은 문장이 나온다. "교회의 예배와 선교는 성부와 성육신한 성자 사이의 교제와 성부가 성자를 세상으로 보내신 파송에 우리가 성령을 통해 참여하도록 하는 하나님의 선물이다"(the worship and mission of the church are the gift of participating through the Holy Spirit in the incarnate Son's communion with the Father and the Son's mission from the Father to the world). 본서, p. 13(원서 p. 9).

그리스도의 인간성 속에서 드려지는 참예배

제임스 토런스에 따르면, '그리스도인으로서 우리가 누구이고 무엇을 하는가'를 알려면 인간이나 신앙의 본성을 분석하는 것이 아니라, 삼위일체 하나님의 존재와 사역부터 탐구해야 한다. 성부와 성자와 성령 하나님은 영원부터 서로 분리되지 않으시고 사랑의 관계를 맺으며 교제하는 존재(Being-in-communion)시다. 놀랍게도 사랑의 하나님은 성령을 통해 인간을 들어 올리셔서 삼위일체 하나님의 교제에 참여하게 하신다. 은총으로 삼위일체 하나님의 내적 교제와 세상을 향한 활동에 조건 없이 참여함으로써, 인간은 자기중심성과 타자에 대한 불안에서 벗어난다. 이로써 인간은 하나님과 친교하고 동료 인간과도 교제를 나누는 자신의 참존재(true being-in-communion)를 찾는다. 그런 의미에서 참사람 됨을 발견하는 중요한 맥락은 먼저 우리를 찾아오셔서 교제로 초청하시는 은총의 삼위일체 하나님을 향한 예배다.

그런데 이때 제임스 토런스는, 성령을 통해 우리가 참여하는 교제가 성부와 '영원한' 성자 사이의 교제가 아니라, 성부와 '성육신한' 성자가 나누는 교제임을 강조한다. 다시 말해서 하나님의 영원한 아들이 우리와 똑같은 인간성을 가지셨다는 사실, 이것은 우리의 구원뿐만 아니라 예배에서도 매우 중요하다. 신학자마다 그리스도론을 다룰 때 특별히 더 의지하는 신약성경의 책이 있게 마련이나. 제임스 토런스는 요한이나 바울의 그리스도론에서도 많은 통찰을 끌어오지만, 예배 신학의 핵심 주제를 구성할 때는 단연 히브리서를 많이 인용한다. 히브리인들에게 보낸 편지는 당시 떠돌던 잘못된 종교적 가르침에 현혹된 사람들을 위해 구약의 제의적 상징주의를 활용해서 예수 그리스도 안에서 하나님이 하신 일을 분명하게 설명한다. 그리스도는 더는 다른 제물이 필요하지 않도록 하는 유일하고 완전한 '희생 제물'이자, 성부께 우리를 위해 중보하고 우리를 대표하여 예배를 드리는 '유일한 대제사장'이시다. 제임스 토런스가 평가하기에, 개신교와 가톨릭 모두 구원론적 관점에서 전자(그리스도의 희생)는 강조했지만 후자(그리스도의 대제사장직)의 의미를 제대로 풀어내지 못했다. 그 결과 신학과 실천에서 예배, 공동체 그리고 은총 사이의 관계에 대한 이해가 빈약해졌다.

영원하고 온전한 대제사장이신 성자는 '우리를 위해' 성육신하시고 자신의 인간성 속에서 모든 인류를 대표하고 대리하신다. 십자가에서 죽으시고, 부활하시고, 승천하신 분의 인간성 안에서 우리의 인간성도 함께 죽고, 새롭게 태어나고, 성령으로 거룩하게 변화한다. 물론 완전한 인간이 되신 하나님의 아들은 인간으로서는 갚을 수 없는 죗값을 자기 죽음으로 대신 갚으셨다(형벌 대속론). 하지만 신약성경은 성육신 사건을 죄와 용서의 구원론적 구도 속에서 설명하면서도, 영원한 말씀이 육신이 되신 이유를 이를 넘어서는 더 큰 의미의 맥락에 위치시킨다. 즉 자신의 인간성 안에서 그리스도는 '성부 앞에서' 우리를 대변하고 중보하시며, 동시에 '우리에게' 인류를 향한 성부의 본래 목적을 계시하고 실현하신다. 이로써 피조물이자 죄인인 우리는 그리스도 안에서 마치 영원한 하나님의 아들인 것처럼 성부의 사랑을 받고 삼위일체 하나님과 친교를 나눌 수 있게 되었다. 여전히 우리는 일상에서 죄와 연약함으로 비틀거리고 실수하겠지만, 나사렛 예수가 사셨던 사랑과 순종과 예배의 삶에도 은총으로 참여하였기에 새로운 존재로 살 가능성을 이미 선물 받았다.

이처럼 기독교 신앙은 예수 그리스도의 인간성 안에서 '하나님으로부터 우리를 향해' 내려오는 것뿐만 아니라 '우리로부터 하나님을 향해' 올라가는 이중의 동력을 가진다. 자비로우신 하나님이 먼저 예수 그리스도 안에서 우리를 만나러 오셨고, 이에 대한 반응으로 우리는 감사와 회개와 순종으로 하나님께로 나아간다. 만약 이때 우리가 자신의 믿음이나 힘으로 하나님께 응답한다고 생각한다면 우리의 예배와 기도는 (좋은 의도에도 불구하고) 율법주의 혹은 공로주의 행위로 변질한다. 예배와 기도, 믿음, 순종 등은 우리 인간에게서 나오는 반응이지만, 이 모두는 삼위일체 하나님의 은총이라는 맥락에서 먼저 이해되어야 하고 구체적으로는 '그리스도의 대제사장직'이라는 성서적 개념에 비추어야 한다.

물론 인간은 종교적 존재이기에 삶 속에서 예배와 기도, 신앙 등의 다양한 활동이 현상적으로 관찰된다. 하지만 인간의 지식은 제한되고 욕망은 뒤틀려서 하나님께 무엇을 바치고 구할지를 제대로 알지 못하고, 혹 안다고 할지라도 인간은 연약하여 이를 올바로 행하지 못한다. 이러한 우리를 위해 그리스도는 성부에게 받아들여질 만한 유일한 예배를 자신의 인간성 속에서 '단번에' 바치셨다. 그리고 우리를 위해 그리스도는 '어제도 오늘도 내일도' 자신의 대제사장적 기도를 드리신다. 하나님의 은총이 우리를 조건 없이 감싸고 지탱하기에, 우리는 여전히 피조물이자 죄인임에도 성령을 통해 그리스도와 연합하고 성부를 "아빠 아버지"라고 부른다.

성령을 통해 하나님은 예배에서, 즉 말씀과 성례의 사역에서 우리를 만나러 오신다. 그리고 성령을 통해 하나님은 우리가 믿음과 순종과 감사로 응답하도록 부르신다.…우리는 하나님께 인간적이고 나약하며 무가치하고 깨진 응답을 한다. 그런 중에도 성령은 우리의 약함을 도우시며 우리를 그리스도께로 들어 올리신다.◆

이것이 바로 이 책이 삼위일체론(1장)과 그리스도의 대제사장직 교리(2장)를 통해 드러내 보여 주는 기독교 신앙과 예배의 핵심 문법이다. 이러한 관점을 확장하여 제임스 토런스는 세례와 성찬을 어떻게 이해하고 실행해야 할지(3장), 전통 신학과 예배에 도전하는 현대 페미니즘의 목소리에 비판적이면서도 공감하며 반응할 길이 있는지(4장)를 함께 고민하는 이론과 실천의 장을 마련한다. 이후 이 매력적인 책은 우리가 하나님을 이해하고 묘사할 때 사용하는 언어의 본질에 관한 명료하고 유용한 설명을 담은 부록으로 마무리된다.

예배, 공동체, 삼위일체

지난 몇십 년간 신학계와 교회에서 삼위일체론과 예전에 관한 관심이 크게 고조되었지만, 안타깝게도 전자는 조직신학적 관점에서 후

◆ 본서, p. 123.

자는 실천신학적 관점에서 주로 다루어졌다. 사실 현대 삼위일체 신학의 부흥을 이끈 바르트와 라너, 로스키(Lossky) 등은 교리와 실천의 분리가 근대성이 기독교에 남긴 비극적 결과물 중 하나임을 인식했다. 그리고 이들은 둘 사이의 골을 삼위일체론의 언어와 논리로 넘어서고자 했다. 하지만 이들의 논의가 정교하고 광범위하다 보니, 난해한 삼위일체론이 교회를 위한 실천적 지혜가 된다는 사실을 전문적 신학 훈련을 받지 않고서는 알아차리기가 어렵다.

그런 의미에서 20세기 끝 무렵에 선보인 『예배, 공동체, 삼위일체 하나님』만큼 삼위일체론과 예배를 명료하면서 균형감 있게 연결해 주는 작품을 이전에는 찾기 어려웠다고 해도 그리 과장된 말이 아닐 것이다. 실제 이 책을 읽고서 여러 신학자와 목회자가 깊은 신학적 성찰과 목회적 통찰에 호의적으로 반응했고, 영어 사용권의 많은 신학교에서 이 책이 교재로 사용되고 있으며, 근래에 토런스 형제의 예배 신학에 관한 연구도 해외에서 여럿 출판되었다. 그렇기에 이 책이 늦게나마, 하지만 더 늦기 전에 지금이라도 우리말로 출판된 것은 몹시 환영할 만한 일이다.

이 책이 원래 제임스 토런스가 신학생들을 대상으로 했던 강연에서 발전했기에 원문의 의미를 존중하면서 우리말로 자연스럽게 읽힐 수 있도록 번역하고자 노력했다. 하지만 번역 과정 중 의도치 않게 원래 뜻을 왜곡했거나, 읽기에 빡빡한 문장이 있다면 그것은 모두 번역자의 부족함에서 나온 것이다. 여러 약점이 있는 번역서를 더 좋게 만드는 노력은 계속될 테니 독자들도 힘을 보태주기를 부탁드린다.

번역하는 내내 개인적으로는 책 내용이 좋아 보람을 느낀 한편,

제임스 토런스라는 한 인물의 매력을 간접적으로나마 접해서 즐거웠다. 신학사의 흐름을 효율적으로 정리하는 넓은 시야, 서로 다른 입장이 충돌할 때 무엇이 근원적 문제인지를 파악하는 판단력, 복잡한 신학을 명료하게 압축하고 시각화해 내는 능력에 감탄을 자아내지 않을 수 없었다.◆ 또한 제자들의 증언으로 간접적으로만 접했던 교육자이자 목회자로서 그의 성숙한 인격과 온화한 성품, 복음에 대한 헌신과 사람에 대한 따뜻한 애정도 이 한 권의 책에서 풍성하게 접할 수 있었다. 부디 독자들도 이 책을 읽으며 이러한 기쁨을 경험할 수 있기를 바란다.

끝으로 『예배, 공동체, 삼위일체 하나님』를 읽고 독자들도 오늘날 우리에게 익숙한 예배의 모습을 되돌아보고, 이 책을 거울삼아 참 예배가 무엇인지 함께 고민해 볼 수 있기를 기대한다. 우리의 예배가 늘 새롭게 찾아오시는 하나님의 낯섦을 잘 짜인 프로그램이나 매뉴얼로 길들이려 하며, 하나님이 주인 되시는 예배라고 하면서 실제로는 강대상 위 사람들이 주목받고 예배가 안식이 아니라 탈진을 유발하는 노동이 되며, 교인들 사이의 교제를 강조한다면서 오히려 공동체 안팎의 누군가를 배제하는 논리를 제공하고, 하나님의 조건 없는 은총을 명목으로 사람들에게 정당한 대가 없이 재능을 기부하도록 무례하게 요구하며, 신자를 붙잡고자 교회성장주의를 복음으로 삼

◆ 애버딘 대학교에서 조직신학을 공부했던 이들의 증언에 따르면, 제임스 토런스는 강의 중에 복잡한 신학 내용을 이미지나 표를 그려서 깔끔하게 정리하는 데 탁월한 능력을 보였다고 한다. 이 책의 1장과 4장에 나오는 표를 보면 제자들이 왜 그런 말을 했는지 심작할 수 있다.

은 것은 아닌지 모르겠다. 이처럼 우리는 복음에 따라 바른 신앙으로 예배를 드린다고 생각하지만, 사실 (제임스 토런스의 표현에 따르면) 은총이 아니라 인간의 종교적 경건과 열심에 의지하는 '유니태리언적' 예배에 빠져 있는지도 모른다.⁺

'예배 회복'이라는 표어가 무의미한 외침이나 선동이 되지 않으려면, 이 책이 제안하듯 예배에서 '은총의 문법'을 회복하는 일이 무엇보다 필요해 보인다. 그리고 아무리 팬데믹 상황과 과학 기술의 발전이 예배의 모습을 바꿀지라도, 예배에서 '어떻게'(how)가 아니라 '누구'(who)라는 근원적 질문이 먼저 이루어져야 한다는 제임스 토런스의 진심 어린 조언을 꼭 기억하면 좋겠다.

⁺ 이 책이 영미권 독자에게 큰 인상을 남긴 이유 중 하나는 제임스 토런스가 주조한 '유니태리언적 예배'라는 개념 때문이다. 책의 1장에서 제임스 토런스는 예배 형태를 유니테리언 모델과 삼위일체적 모델로 범주화한다. 교리적 관점에서 보면, 그리스도의 신성을 부정하고 인성만을 강조한 '유니태리언적' 입장은 그리스도를 통해 우리에게 오신 하나님을 향한 개인의 결단과 헌신을 강조하는 '실존주의'나 '복음주의'와는 매우 다른 그리스도론적 전제를 가졌다. 하지만 예배 신학의 관점에서 볼 때, 은총의 문법에서 이탈하여 우리의 경건, 믿음, 선택, 노력으로 하나님께 나아가는 인간중심주의 예배 모델을 형성한다는 의미에서 이들은 교리적 차이가 있음에도 실천에서는 크게 다르지 않다.

옮긴이 해설   195

옮긴이 김진혁은 연세대학교에서 신학과 철학을 공부한 후, 미국 하버드 대학교에서 목회학 석사 학위를, 영국 옥스퍼드 대학교에서 철학 박사 학위를 받았다. 독일 하이델베르크 대학교에서 객원 박사 연구원으로, 영국 런던 대학교 헤이스롭 칼리지에서 박사 후 연구원으로, 영국 옥스퍼드의 C. S. 루이스 연구소에서 상주 연구원으로 활동했다. 현재 횃불트리니티신학대학원대학교에서 조직신학, 철학, 윤리를 가르치고 있으며, 주요 연구 주제는 미학적 신학, 종교와 문학, 현대신학, 정치신학, 기도 신학 등이다. 저서로는 『신학공부』(예책), 『질문하는 신학』(복있는사람), 『예술신학 톺아보기』(공저, 신앙과지성사), 『우리 시대의 그리스도교 사상가들』(공저, 도서출판 100), 『공적 복음과 공공신학』(공저, 킹덤북스), 『인간론』(공저, 대한기독교서회), The Spirit of God and the Christian Life (Fortress Press), Wiley-Blackwell Companion to Karl Barth (공저, Wiley-Blackwell), Human Dignity in Asia (공저, Cambridge University Press, 출간 예정)가 있으며, 루이스의 생애와 사상을 소개한 『순전한 그리스도인』(IVP)은 세종도서 교양부문에 선정되었다. 『예수와 창조성』(한국기독교연구소)을 우리말로 옮겼다.

예배, 공동체, 삼위일체 하나님

초판 발행_ 2022년 3월 4일

지은이_ 제임스 토런스
옮긴이_ 김진혁
펴낸이_ 정모세

펴낸곳_ 한국기독학생회출판부
등록번호_ 제2001-000198호(1978.6.1)
주소_ 04031 서울시 마포구 동교로 156-10
대표 전화_ (02)337-2257 팩스_ (02)337-2258
영업 전화_ (02)338-2282 팩스_ 080-915-1515
홈페이지_ http://www.ivp.co.kr 이메일_ ivp@ivp.co.kr
ISBN 978-89-328-1914-3

ⓒ 한국기독학생회출판부 2022

책값은 뒤표지에 있습니다.
무단 전재와 복제를 금합니다.